이 책에 사용한 종이는 이라이트지입니다.
이라이트지는 기존의 모조지보다 훨씬 가벼우며
눈의 피로를 덜게끔 품질을 한 단계 높인 고급지입니다.

■ 서문

이 책은 나의 『경제변동이론 에세이*Essay in the Theory of Economic Fluctuations*』 및 『경제동학 연구*Studies in Economic Dynamics*』의 제2판을 대신하여 발간된 것이다. 그럼에도 불구하고 본질적으로 새 책이다. 비록 이 책이 이전의 두 책과 같은 분야를 다루고 있고 기본 아이디어는 많이 바뀌지 않았지만, 표현방식과 주장은 본질적으로 바뀌었다. 게다가 어떤 경우에는 특히 13장 및 14장에서는 새 주제를 도입하였다. 통계적 예시의 범위도 상당히 넓어졌고 그동안 이용할 수 있게 된 통계자료도 활용하였다.

통계 분석에서는 최소자승법을 사용하였다는 것을 이 시점에서 언급하고자 한다. 이 방법은 통계 기법의 최근 발전에 비추어 보면 다소 부족하게 보일 수 있다. 그러나 이 책에서 통계 분석의 목적은 경제변수 간의 관계를 나타내는 가장 좋은 계수를 구하는 것이 아니고 이론적으로 도출된 경제변수 관계의 실증을 보여주는 것이다. 단순한 통계적 도구를 적용하면서 (특히 투자결정요인의 분석에서) 취해진 조치는 예시의 목적을 위해 1차 근사치를 얻는 데 적합한 것으로 보인다.

공식이 자주 사용되고 있지만 어떤 경우에는 정확성을 희생하면서까지 기초 수학만을 응용하고자 많이 노력하였다.

표현 방법의 개선을 위한 좋은 제언과 통계 분석에 도움을 준 Mrs. Ting Kuan Shu-Chuang과 Mr. Chang Tse-Chun에게 고마움을 표한다.

M. KALECKI, 1952년 2월

■ 차례

- ■ 서문 ··· v
- ■ 차례 ··· vii

제1부 독점도 및 소득분배 ·· 1
   01 비용 및 가격 ·· 2
   02 국민소득분배 ·· 25

제2부 이윤 및 국민소득의 결정 ·· 45
   03 이윤의 결정요인 ·· 46
   04 이윤과 투자 ·· 57
   05 국민소득과 소비의 결정 ·· 65

제3부 이자율 ·· 81
   06 단기 이자율 ·· 82
   07 장기 이자율 ·· 91

제4부 투자의 결정 ·· 103
   08 기업자본 및 투자 ·· 104
   09 투자결정요인 ·· 110
   10 통계적 예시 ·· 127

제5부 경기순환 ··· 139
   11 경기순환과정 ·· 140
   12 통계적 예시 ·· 158
   13 경기순환과 충격 ···································· 166

제6부 장기 경제발전 ·· 175
   14 경제발전과정 ·· 176
   15 발전요인 ·· 193

통계 부록 ··· 201
   부록 1. 제1부 주석 ····································· 202
   부록 2. 제2부 주석 ····································· 208
   부록 3. 제4부 주석 ····································· 210

  ■ 해제 ·· 218
  ■ 찾아보기 ·· 226

• **일러두기** •

1. 논문 제목은 「 」로, 책 제목은 『 』로, 학술지는 《 》로, 단체명은 〈 〉로 표기했다.
2. 제목을 번역하지 않은 문헌은 논문 제목은 ' '로, 책 제목은 이탤릭체로, 학술지는 《 》로, 단체명은 〈 〉로 표기했다.
3. 옮긴이 주는 '역자 주'로 표기했다.
4. 고유명사는 외래어 표기법에 따랐다.
5. 영문자는 이탤릭체, 표 및 그림 제목은 고딕체로 표기했다.

1부
독점도 및 소득분배

01 비용 및 가격

'비용 결정' 및 '수요 결정' 가격

단기의 가격 변화는 생산비용의 변화 때문에 주로 결정되는 그룹과 수요 변화 때문에 주로 결정되는 그룹 등 두 개의 그룹으로 분류될 수 있다. 일반적으로 말하면 최종재finished goods의 가격 변화는 비용에 의해 결정되는 반면에 일차 식료품을 포함한 원재료의 가격변화는 수요에 의해 결정된다. 물론 최종재의 가격이 수요에 의해 결정되는 원재료 가격의 변화에 영향을 받기는 하지만 이러한 영향은 비용 경로를 통해 전달된다.

이러한 두 가지 유형의 가격 형성은 서로 다른 공급 조건에서 발생한다는 것은 명백하다. 최종재의 생산에는 예비 생산 능력이 있기 때문에 탄력적이다. 수요가 증가하면 주로 생산량을 증대시키는데 가격은 안정적으로 유지된다. 가격 변화가 발생한다면 그것은 주로 생산 비용의 변화 때문이다.

원재료의 상황은 이와 다르다. 농산물의 공급이 증가하기 위해서는 상대적으로 긴 시간이 필요하다. 비록 같은 시간이 있어야 하는 것은 아니지만, 광물도 마찬가지이다. 공급이 단기적으로 비탄력적이기 때문에 수요 증가는 재고의 감소를 가져오고 이 때문에 가격은 상승한다. 투기적인 요소가 추가될 경우 이러한 초기의 가격 변동은 더욱 증대될 수 있다. 농산물이나 광물의 경우 일반적으로 표준화가 되어 있고 상품거래소의 시세에 따른다. 가격 상승을 가져오는 1차적인 수요 증가는 흔히 2차적인 투기 수요를 동반한다. 이 때문에 생산이 단기에 수요를 따라 잡기가 더욱 어려워진다.

본 장에서는 '비용 결정' 가격의 형성에 대해 주로 살펴볼 것이다.

기업의 가격 설정

일정한 자본설비를 가진 한 기업을 고려해 보자. 공급이 탄력적이라고 가정하자. 다시 말해서 그 기업은 실제 최대 생산에 미치지 못하는 수준에서 생산하고 있고 단위 생산물당 기초비용(재료비 및 임금[1])이 관련 생산량 영역에서 안정적이라고 하자.[2] 가격 설정 과정에서 직면하는 불

---

[1] 급여는 간접비에 포함되어 있다.
[2] 사실 많은 경우 재료비 및 임금의 단위당 기초비용은 생산이 증가함에 따라 어느 정도 하락한다. 그러나 이것이 아주 중요한 사항이 아니므로 편의상 안정적이라고 가정한다. 거의 수평적인 단기 기초비용 곡선에 대한 가정은 1939년 졸저 『경제변동이론 에세이(Essays in the Theory of Economic Fluctuations)』에서 도입되었다. 그 이후 많은 실증적인 연구에서 이 가정이 증명되었고 경제 연구에서 명시적으로 또는 암묵적으로 중요한 역할을 하였다. (1941년 하버드대학 출판부에서 발간된 W. W. Leontief의 『미국경제의 구조(The Structure of American Economy)』가 그 예이다.)

확실성을 고려하면 기업이 어떤 정확한 방식으로 이윤을 극대화하려 한다고 가정할 수 없을 것이다. 따라서 간접비의 실제 수준은 가격 결정에 직접 영향을 주지 않는다고 가정할 것인데 그 이유는 총간접비는 생산량이 변하더라도 대체로 안정적이기 때문이다. 따라서 간접비와 이윤의 합이 가장 높게 될 것으로 추측되는 생산량 및 가격 수준은 동시에 이윤이 최대가 될 수 있는 수준이다. (그러나 나중에 살펴보겠지만, 간접비 수준은 가격 형성에 간접적으로 영향을 준다.)

가격 설정에 있어 기업은 기초비용의 평균과 유사한 제품을 생산하는 다른 기업의 가격을 고려한다. 기업은 다른 기업의 가격에 비해 너무 높은 가격을 설정해서는 안 되는데 그럴 경우 매출이 급격하게 감소할 수 있기 때문이다. 그리고 기초비용의 평균보다 너무 낮은 가격을 설정해서는 안 되는데 그 이유는 이윤이 급격하게 감소할 수 있기 때문이다. 따라서 단위당 기초비용 u와 비교하여 가격 p를 결정할 경우 다른 모든 기업의 가중평균가격 $\bar{p}$에[3] 대한 p의 비율이 너무 높지 않도록 주의해야 한다. 만약 u가 증가하면 $\bar{p}$ 또한 비례적으로 증가할 경우에만 p가 비례적으로 증가할 수 있다. 그러나 $\bar{p}$가 u보다 적게 증가하면 그 기업의 가격 p 또한 u보다 적게 증가할 것이다. 다음의 (1)식은 이러한 조건을 명백하게 충족시킨다.

$$p = mu + n\bar{p} \tag{1}$$

---

[3] 해당 기업을 포함하여 모든 생산물별로 가중평균해야 한다.

여기서 *m*과 *n*은 모두 양의 계수이다.

  n < 1이라고 가정하는데 그 이유는 다음과 같다. 기업의 가격 *p*가 평균 가격인 $\bar{p}$와 같다고 간주할 수 있는 경우라면 다음이 성립하고 따라서 *n*은 1보다 작다.

$$p = mu + np$$

  기업의 가격 설정 정책을 나타내는 계수인 *m*과 *n*은 기업의 측면에서 볼 때 소위 독점도degree of monopoly를 반영한다. 사실 (1)식은 반#독점적인 가격 형성을 나타낸다. 생산량 영역에서 공급 탄력성 및 단위당 기초비용의 안정성은 소위 완전경쟁과 양립하지 않는다. 왜냐하면, 만약 완전경쟁이 지배한다면 단위당 기초비용인 *u*를 초과하는 가격 *p*는 기업으로 하여금 완전 생산 수준에 이르기까지 생산을 확대하도록 한다. 따라서 영업을 하는 모든 회사는 최대 생산 수준까지 생산을 확대하고 가격은 수요와 공급이 일치하는 수준까지 상승할 것이다.

  독점도의 변화를 분석하기 위해서는 그림을 이용하여 살펴보는 것이 편리하다, (1)식을 단위당 기초비용 *u*로 나누면 다음과 같다.

$$\frac{p}{u} = m + n\frac{\bar{p}}{u}$$

이 식이 **그림 1**에 직선을 AB로 나타나 있는데 $\frac{\bar{p}}{u}$를 가로축에, $\frac{p}{u}$를 세로축에 각각 나타내었다. *n* < 1이기 때문에 직선의 기울기는 45°선보다 작다. *m*과 *n*에 의해 전적으로 결정되는 이 직선의 위치는 독점도를

나타낸다. m과 n의 변화로 직선 AB가 A'B'으로 이동하면 평균 가격 $\bar{p}$와 단위당 기초비용 u가 일정한 상태에서 $\frac{\bar{p}}{u}$의 관련 영역에 대해 가격 p가 높아지게 된다. 이 경우 독점도는 증가한다고 하자. 반면에 직선 AB가 A"B"으로 이동하면 독점도는 감소한다고 하자. (m과 n의 변화로 인해 원래의 직선 AB와 새로이 이동한 직선이 $\frac{\bar{p}}{u}$의 일정한 범위에서 서로 교차하지 않는다고 가정한다.)

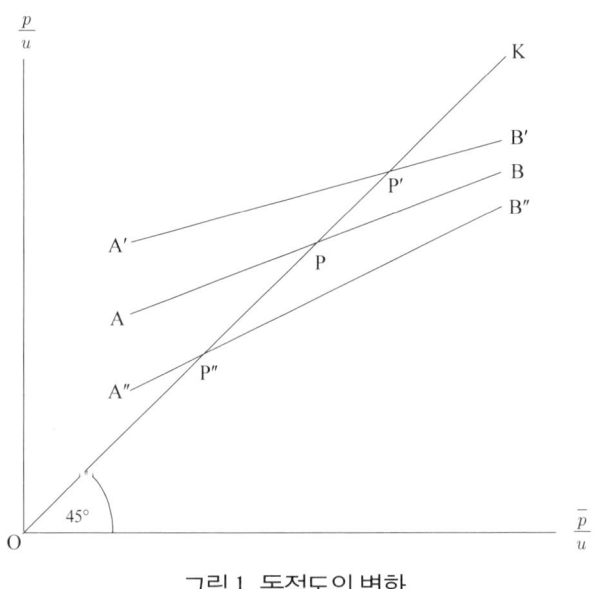

그림 1. 독점도의 변화

이제 나중에 논의할 매우 중요한 명제에 대해 살펴보자. 원점에서 시작한 45도선 OK와 세 직선 AB, A'B', A"B"가 만나는 세 점 P, P', P"를 살펴보자. 독점도가 증가할수록 교차점의 가로축 값이 증가한다는 것은 명백하다. 가로축 값은 다음 방정식에 의해 결정된다.

$$\frac{p}{u} = m + n\frac{\overline{p}}{u} \quad \text{및} \quad \frac{p}{u} = \frac{\overline{p}}{u}$$

교차점의 가로축 값은 $\frac{m}{1-n}$ 이다. 결국, $\frac{m}{1-n}$ 이 증가(감소)하면 독점도도 증가(감소)한다.

이 절과 다음 절에서 살펴보는 독점도가 가격 형성에 미치는 영향에 대한 논의는 본질적으로 다소 형식적이다. 독점도가 변하는 실제 이유에 대해서는 다음에 살펴볼 것이다.

산업에서의 가격 형성: 특수한 경우

계수 m과 n이 모든 기업에 같지만 단위당 기초비용 u는 다른 경우를 고려하면서 산업에서의 평균 가격 결정에 대한 논의를 시작할 수 있다. 그러면 우리는 (1)식에 근거하여 다음의 식을 도출할 수 있다.

$$\begin{aligned} p_1 &= mu_1 + n\overline{p} \\ p_2 &= mu_2 + n\overline{p} \\ &\cdots\cdots\cdots\cdots \\ p_k &= mu_k + n\overline{p} \end{aligned} \tag{1'}$$

만약 이 방정식들이 각각의 생산량 가중치에 따라 가중평균되면(즉, 각각의 생산량에 각 가격을 곱하여 모두 합한 다음 총생산량으로 나눈다), 다음의 (2)식과 같게 된다.

$$\bar{p} = m\bar{u} + n\bar{p}$$

즉,

$$\bar{p} = \frac{m}{1-n}\bar{u} \tag{2}$$

앞 절에서 독점도가 높을수록 $\frac{m}{1-n}$이 높아지는 것을 살펴본 바 있다. 따라서 우리는 만약 독점도가 일정하면 평균 가격 $\bar{p}$는 단위당 기초비용의 평균인 $\bar{u}$에 비례한다고 결론을 내릴 수 있다. 만약 독점도가 증가하면 $\bar{p}$는 $\bar{u}$보다 상승한다.

원재료의 가격이나 단위 노동 비용의 변화로 단위당 기초비용이 변할 때 어떻게 새로운 '가격 균형'에 도달하는지 살펴보는 것은 매우 중요하다. '새로운' 단위당 기초비용은 $u_1, u_2, \ldots$라 하고, '이전old' 가격은 $p_1', p_2', \ldots$라 하자. 이전 가격들의 가중평균은 $\bar{p}'$이다. 따라서 새로운 가격 $p_1'', p_2'', \ldots$은 $mu_1 + n\bar{p}', mu_2 + n\bar{p}', \ldots$이 된다. 이에 따라 새로운 평균가격 $\bar{p}''$이 도출되고, 이러한 과정이 반복되어 최종적으로 (2)식에 주어진 새로운 가격 $\bar{p}$에 수렴한다. 이 수렴의 과정은 $n < 1$이라는 조건에 의존한다. 사실 (1')식에서 다음과 같은 식을 얻게 된다.

$$\bar{p}'' = m\bar{u} + n\bar{p}'$$

그리고 최종적인 새로운 $\bar{p}$는 다음과 같게 된다.

$$\bar{p} = m\bar{u} + n\bar{p}$$

위 두 식의 차이를 구하면 다음과 같게 되는데 최종값 $\bar{p}$의 편차는 $n<1$일 경우 기하급수적으로 감소하는 것을 보여준다.

$$\bar{p}'' - \bar{p} = m(\bar{p}' - \bar{p})$$

산업에서의 가격 형성: 일반적인 경우

계수 m과 n이 기업마다 다른 일반적인 경우를 살펴보자. 특수한 경우에 적용되었던 과정과 유사한 과정에 따라 다음 식이 도출되는데 $\overline{m}$와 $\overline{n}$은 각각 계수 m과 n의 가중평균이다.[4]

$$\bar{p} = \frac{\overline{m}}{1-\overline{n}} \bar{u} \qquad (2')$$

계수 m과 n이 산업의 $\overline{m}$ 및 $\overline{n}$와 같은 한 기업을 가정하고 그 기업을 대표기업representative firm이라고 부르자. 더 나아가 산업에서의 독점도가 대표기업의 독점도라고 하자. 따라서 독점도는 다음 직선의 위치에 따라 결정될 것이다.

$$\frac{p}{u} = \overline{m} + \overline{n}\frac{\bar{p}}{u}$$

---

[4] $\overline{m}$는 개별 기업 총기초비용의 가중치에 따라 구한 m의 평균이고, $\overline{n}$는 개별 기업 생산량의 가중치에 따라 구한 n의 평균이다.

독점도의 증가는 이 직선의 우상향 이동으로 나타낼 수 있다(그림 1 참조). 7쪽의 주장으로부터 이 정의에 따라 독점도가 높을수록 $\dfrac{\overline{m}}{1-\overline{n}}$가 높아진다.

이 사실과 (2')식으로부터 앞 절의 특수한 경우에서 도출되었던 결론을 일반화할 수 있다. 만약 독점도가 일정하면 평균 가격 $\overline{p}$는 단위당 기초비용의 평균인 $\overline{u}$에 비례한다고 결론을 내릴 수 있다. 만약 독점도가 증가하면 p는 $\overline{u}$에 비해 증가한다.

평균 기초비용에 대한 평균 가격의 비율은 산업의 총기초비용에 대한 산업 총수입의 비율과 같다. 기초비용에 대한 수입의 비율이 안정적인지, 증가하는지 아니면 감소하는지는 독점도의 변화에 의존한다.

여기서 도출된 모든 결론은 탄력적인 공급 가정을 전제로 한다는 것을 기억해야 한다. 기업이 그들의 실제 생산능력에 도달하게 되었을 때 더 큰 수요증가는 위에서 고려한 수준을 초과하는 가격 상승을 가져올 것이다. 그러나 기업이 주문을 받는 동안은 이 수준은 어느 정도 유지될 수 있다.

독점도의 변화 원인

우리는 여기서 근대 자본주의 경제에서 독점도 변화의 기초가 되는 주요 요인에 국한하여 논의할 것이다. 제일 먼저 거대기업의 형성을 가져오는 산업 집중화 과정을 고려해야 한다. 특정 산업 생산의 상당 부분을 차지하는 거대기업의 출현이 미치는 영향은 산업 집중화의 관점에서 쉽게 이해될 수 있다. 그러한 거대기업은 자기 기업의 가격 p가 평균가격 $\bar{p}$에 상당한 영향을 준다는 것을 알고 있고, 또한 다른 기업들은 그들의 가격 형성이 평균가격 $\bar{p}$에 의존하기 때문에 $\bar{p}$와 같은 방향으로 움직일 것이다. 따라서 기업은 그렇지 않을 경우보다 높은 수준에서 가격을 설정할 수 있다. 다른 거대기업들도 같은 게임을 하고 이에 따라 독점도는 크게 증가한다. 이러한 상황은 암묵적 동의로 강화될 수 있다. (그러한 동의는 특히 하나의 선도 거대기업이 가격을 설정하고 다른 기업들이 따라가는 형태를 취할 수 있다.) 그러한 암묵적 동의는 어느 정도 공식적인 카르텔협정으로 발전할 수 있다. 그리고 그것은 신규진입의 위협에 의해서만 억제되는 완전한 규모의 독점과 맞먹는다.

두 번째 주요한 영향은 광고, 판매 대리인 등을 통한 판매 촉진의 개발이다. 따라서 가격 경쟁은 홍보 캠페인 경쟁 등으로 대체된다. 이러한 일들은 명백하게 독점도를 증가하게 할 것이다.

이 외에도 기초비용과 비교한 간접비의 수준 변화가 독점에 미치는 영향과 노동조합 세력의 중요성 등 두 가지 요인을 더 고려해야 한다. 만약 기초비용과 비교하여 간접비의 수준이 상당히 상승한다면 기초비용에 대한 수입 비율의 상승이 허락되지 않는 한 '이윤 압박'이 반드시 뒤따를 것이다. 그 결과 이윤을 '방어'하기 위하여 산업 내 기업 간에 암묵적 동의가 발생하고 단위당 기초비용과 비교하여 가격이 상승할 것이다. 예를 들면, 자본 집약도를 증대시키는 기술을 도입한 결과 한 단위 생산에 드는 자본 비용이 증가하면 이러한 방법으로 독점도를 증가시키는 경향을 보일 것이다.

이윤 '보호'의 요인은 특히 불황기에 나타나는 경향이 있다. 불황기의 상황을 설명해 보면 다음과 같다. 만약 독점도가 변하지 않는다면 총수입은 기초비용과 같은 비율로 감소한다. 동시에 불황기에 총간접비는 본질상 기초비용보다 적게 하락한다. 그 결과 불황기에 독점도는 상승하는 경향을 보이고 호황기에는 그 반대의 경향을 보인다.[5]

비록 위에서 살펴본 것은 간접비가 가격 형성에 영향을 줄 수 있는 경로를 보여주고 있지만, 우리의 이론에서 간접비가 가격에 미치는 영향은 간접비가 기초비용에 미치는 영향보다 훨씬 덜 분명하다. 기초비용과 관련된 간접비 상승의 결과로 독점도가 증가할 수는 있으나 반드시 증가하는 것은 아니다. 이 사실과 다른 기업들의 가격에 미치는 영향의 강조는 여기서 설명한 이론과 소위 풀코스트이론 full cost theory(역자 주: 기업이 이윤을 극대화하기 위하여 한계수입과 한계비용을 일치시키는 생산량을 결정하지 않고 단위당 기초비용(주로 원료비, 임금비용 등의 직접비)과 공통비용(감가상각비, 중역의 급여, 지대, 이자 등의 간접비)을 더하고 여기에 이윤을 위한 어떤 관례적인 비율(예컨대 10%)을 곱하여 그것을 합계한 풀코스트(full cost)와 가격을 일치시키는 생산량을 결정한다는 이론으로 홀(Hall, R. L.)과 힛치(Hitch, C. J.)를 중심으로 하는 옥스퍼드대의 경제학자가 주장함)의 차이를 가져온다.

이제 노동조합의 힘이 독점도에 미치는 영향을 살펴보자. 강력한 노동조합의 존재가 이윤을 줄이는 경향을 보이는 이유는 다음과 같다. 임금 대비 이윤의 비율이 높으면 임금 인상 요구에서 노동조합의 협상 지위를 강하게 해 주는데 그 이유는 현재의 가격 수준에서 높은 임금과 '합리적

---

[5] 이것이 기본적인 경향이지만 어떤 경우에는 불황기에 치열한 경쟁이라는 반대되는 과정이 전개될 수 있다.

인 이윤'이 양립할 수 있기 때문이다. 만약 그러한 임금 인상이 허용되면 가격은 오르게 되고 이러한 가격 인상으로 임금 인상에 대한 새로운 요구가 있을 것이다. 그럴 경우 임금 대비 이윤의 높은 비율은 비용 상승의 경향을 보이지 않고는 유지될 수 없다. 기업이나 산업의 경쟁적 지위에 미치는 이러한 악영향은 낮은 이윤 정책을 채용하도록 한다. 따라서 독점도는 노동조합의 활동에 따라 어느 정도 낮아질 수 있는데 그 정도는 노동조합이 강력할수록 더 커지게 된다.

독점도의 변화는 노동자와 자본가의 소득분배에서 결정적으로 중요할 뿐만 아니라 어떤 경우에는 자본가 계층 내 소득분배에서도 중요하다. 따라서 거대기업의 성장에 의해 발생하는 독점도의 증가는 다른 산업으로부터 그러한 대기업이 지배하는 산업으로 소득의 상대적 이동을 가져오게 된다. 이러한 방식으로 소기업에서 대기업으로 소득이 재분배된다.

비용과 가격의 장단기 관계

앞에서 설명한 비용과 가격의 관계는 단기의 관계를 나타낸 것이다. 그러나 우리가 살펴보고 있는 방정식에 포함된 유일한 모수들은 독점도를 반영하는 계수 m과 n이다. 반드시 그렇지는 않지만, 이 계수들은 장기적으로 변할 수 있다. 만약 m과 n이 상수라면 가격의 장기적인 변화는 단위당 기초비용인 u의 장기 변화만을 반영할 것이다. 기술진보는 단위당 기초비용을 낮추는 경향을 보인다. 그러나 가격과 단위당 기초비용의 관계는 설비와 기술의 변화에 영향을 받을 수 있는데 그 영향의 정도는 설비와 기술의 변화가 독점도에 미치는 영향의 크기와 같다.[6] 설비와 기술의 변화가 독점도에 영향을 줄 가능성에 대해서는 앞에서 독점도는 기초비용과 관계된 간접비 수준에 영향을 받는다는 설명에서 지적된 바 있다.

전체적인 접근 방법이 일반적인 견해와 일치하지 않는다는 것을 유의하기 바란다. 단위생산물당 고정자본의 양이 증가하면, 즉 자본의 집적도가 증가하면 단위당 기초비용에 대한 가격의 비율은 반드시 지속해서 증가한다고 일반적으로 가정한다. 이 견해는 간접비와 이윤의 합이 장기적으로 대략 자본가치에 비례해서 변한다는 가정에 근거하고 있다. 따라서 생산물과 관련된 자본의 증가는 수입 대비 간접비와 이윤의 합의 비율을 상승시키는데 이것은 단위당 기초비용에 대한 가격 비율의 상승과 같은 것이다.

이윤과 간접비의 합이 자본가치와 비교하여 장기적으로 하락하고 그 결과 생산물과 관련한 자본의 증가에도 불구하고 단위당 기초비용에 대한 가격의 비율은 변하지 않는다는 것은 명백하다. 이것은 1889년부터 1914년까지 미국 제조업의 발전을 보면 알 수 있다. (표 1 참조)

표 1에서 볼 수 있듯이 1899~1914년 중 생산물에 대한 고정자본의 비율은 지속해서 증가하고 있지만 기초비용에 대한 수입의 비율은 거의

---

[6] 그러나 이것은 비용-가격 방정식의 기초가 되는 가정, 즉 단위당 기초비용은 설비의 가동 정도에 의존하지 않고 실제 최대 생산은 달성되지 않는다는 가정에 달려 있다(5쪽 참조).

일정하다. 이것은 고정자본의 가치(장부가치와 경상가격으로 평가한 가치 모두)에 대한 간접비와 이윤의 합이 하락하는 것으로 설명할 수 있다.

[표 1] 자본집약도 및 기초비용 대비 수입의 비율: 미국 제조업(1899~1914)

연도	실질고정자본/ 생산물	(간접비+이윤)/ 고정자본의 장부가치	(간접비+이윤)/ 고정자본의 경상가치	수입/기초비용 (%)
		1989=100		
1899	100	100	100	133
1904	111	95	96	133
1909	125	89	84	133
1914	131	80	73	132

출처: *National Bureau of Economic Research*; Paul H. Douglas, *The Theory of Wages*; *United States Census of Manufactures*. 자세한 내용은 부록의 주 1을 보라.

물론 자본 집약도의 증가로 기초비용과 관련한 간접비의 증가가 '이윤 보호'의 경향으로 인해 독점도를 상승시킬 가능성이 있을 수 있다. 그러나 이 경향은 위의 예에서 볼 수 있듯이 결코 자동으로 발생하는 것은 아니며 구체화할 수도 없다.

장기 현상에 대한 우리 이론의 적용과 관련하여 발생하는 특정 질문들에 대해서는 앞에서 다룬 바 있다. 이 이론이 경기순환과정에서의 가격 형성 분석에 적용되면 우리의 공식이 호황기에도 성립하는 지에 대한 문제가 발생한다. 사실 호황기에는 설비의 가동이 실제 최대 생산에 도달할 수도 있기 때문에 수요 압력이 있을 때 가격은 이 공식이 제시하는 수준을 초과할 수 있다. 그러나 병목현상이 발생할 때마다 예비 자본의 가용성과 설비의 양적 증가 가능성으로 인해 이러한 현상은 경기 호황기에서조차 자주 발생하는 것은 아니다. 이러한 현상은 일반적으로 원재료나 설비의 부족이 수요보다 공급을 심각하게 제한하는 전시나 전후 개발기에 한정된다. 그러한 시기에 널리 유행하는 인플레이션의 근본 원인이 되는 것이 바로 이러한 형태의 가격 상승이다.

미국 제조업에 있어서 장기 변화에 대한 적용

단위당 기초비용에 대한 가격의 비율이 총기초비용에 대한 총수입의 비율과 일치함에 따라 개별 산업의 생산물 가치, 재료 비용 및 임금에 대한 정보를 제공해 주는 미국 제조업 총조사United States Census of Manufactures에 근거하여 여러 산업에 대해서 이 비율의 변화를 실증적으로 분석해 볼 수 있다. 그러나 앞에서 살펴본 바로는 어느 한 산업에서 기초비용에 대한 수입 비율의 변화는 그 산업에 고유한 조건의 변화를 반영하는 독점도의 변화로 결정된다. 예를 들면, 어느 산업에서 한 대기업의 가격 정책의 변화는 그 산업에서 독점도의 근본적인 변화를 가져온다. 이러한 이유로 우리는 여기서 제조업 전체를 고려하는 것으로 한정하는데 이에 따라 기초비용에 대한 수입의 비율 변화를 산업 조건의 주요 변화로 해석할 수 있게 된다.

따라서 우리는 미국 제조업의 총기초비용에 대한 총수입의 비율을 고려한다. 그러나 다음과 같은 난제가 발생한다. 이 비율은 단지 한 산업의 기초비용에 대한 수입의 비율 변화를 반영하지 않을 뿐만 아니라 제조업 전체에서 차지하는 그 산업의 중요성 변화를 반영하지 못한다. 이러한 이유로 표 2에서는 미국 제조업의 기초비용에 대한 수입의 비율을 나타내 줄 뿐만 아니라 수입의 총가치에서 차지하는 주요 산업군의 상대적 비중이 일정하다는 가정하에 계산한 기초비용에 대한 수입의 비율을 나타내 주고 있다.[7] 이 두 계열의 실제적인 차이는 일반적으로 의미가 있는 것으로 보이지 않는다.

[표 2] 기초비용에 대한 수입의 비율: 미국 제조업(1879~1937)

연도	원자료	기준연도인 1899년의 산업 비중 적용
		(%)
1879	122.5	124.0
1889	131.7	131.0
1899	133.3	133.3
1914	131.6	131.4
1923	133.0	132.7
1929	139.4	139.6
1937	136.3	136.8

출처: *United States Census of Manufactures*.

기초비용에 대한 수입의 비율이 1879년부터 1889년까지 크게 증가한 것을 볼 수 있다. 일반적으로 이 기간은 거대한 산업체 형성으로 특징지어진 미국 자본주의에 두드러진 변화가 발생한 시기로 알려져 있다. 따라서 그 기간에 독점도가 증가한 것은 놀랄 일이 아니다.

---

[7] 총조사의 범위와 방법의 변화로 인해 발생한 혼란을 해결하고 다른 연도의 총조사와 대략적인 비교 가능성을 보장하기 위해 취한 조정과 계산에 대한 자세한 내용은 통계 부록의 주 2 및 주 3에서 설명하고 있다.

1889년부터 1923년까지 기초비용에 대한 수입의 비율은 거의 변하지 않았다. 그러나 이 비율이 1923~1929년 중 다시 크게 증가하였다. 이 기간에 독점도가 증가한 것은 광고, 판매 대리인 등을 통한 급속한 판매촉진의 도입, 즉 소위 '상업혁명commercial revolution'으로 일부 설명할 수 있다. 또 다른 요인은 이 기간에 발생한 기초비용과 관련한 간접비의 전반적인 증가이다.

1929년 기초비용에 대한 수입의 비율이 매우 높은 것은 적어도 부분적으로는 호황기에 최대 생산에 도달한 기업들 때문이 아닌가 하는 의문을 가질 수 있다. 그러나 1929년 설비 가동의 정도는 1923년보다 높지 않았다는 사실에 주목해야 한다. 1925년과 1927년의 총조사 자료를 보면 기초비용에 대한 수입의 비율이 1923~1929년 중 점진적으로 증가한 것을 알 수 있다.

1929년부터 1937년까지 기초비용에 대한 수입의 비율은 적정한 하락을 보여주고 있다. 이것은 아마 노동조합 세력의 증대에 주로 기인한 것으로 보인다.

여기서 설명하고 있는 것은 임시적이며 대략적이다. 사실 독점도의 변화와 관련하여 기초비용에 대한 수입 비율의 이동을 해석하는 일은 변화하는 산업조건에 대한 좀 더 깊은 지식을 가지고 연구하는 경제사학자들의 몫이다.

대공황기의 미국 제조업과 소매업에 대한 적용

표 3에는 1929년, 1931년, 1933년, 1935년 및 1937년 미국 제조업의 기초비용에 대한 수입의 비율이 나타나 있다. 이 비율의 원자료뿐만 아니라 생산물의 가치에서 차지하는 비중 변화를 조정한 비율을 나타내 주고 있다.[8] 표 2와 마찬가지로 이 두 계열은 의미 있는 차이를 보이지 않는다. 이 기간에 소매상에게 드는 비용에 대한 미국 소비재의 총소매판매액 비율 역시 이용할 수 있다. 이 비율은 소매업의 기초비용에 대한 수입의 비율과 거의 일치하며 표 3에 주어져 있다(판매 구성비로 조정된 계열은 계산하지 않았다).

[표 3] 기초비용에 대한 수입의 비율: 미국 제조업 및 소매업(1929~1937)

연도	제조업의 수입/제조업의 기초비용		판매액/소매업의 비용
	원자료	기준연도인 1929년의 산업 비중 적용	
	(%)		
1929	139.4	139.4	142.0
1931	143.3	142.3	144.7
1933	142.8	142.3	148.8
1935	136.6	136.7	140.8
1937	136.3	136.6	140.7

출처: *United States Census of Manufactures*; B. M. Fowler and W. H. Shaw, 'Distributive Costs of Consumption Goods', Survey of Current Business, July 1942.

---

[8] 표 2와 마찬가지로 숫자는 총조사의 범위와 방법의 변화에 대해 조정되었다(통계 부록 주 2 및 주 3을 참조).

기초비용에 대한 수입의 비율은 불황기에 증가하는 경향이 있다는 것을 알 수 있다. 그러나 1930년대 경기 침체의 정도를 고려하면 그 변화는 매우 적절하다. 기초비용에 대한 수입 비율의 증가는 기초비용과 관련한 간접비의 상승에 기인한 것으로 볼 수 있는데 간접비의 상승은 이윤을 '보호'하기 위한 암묵적 동의를 조장하고 따라서 독점도를 증가시킨다. 1933년부터 1937년까지 회복기에 정반대의 움직임이 있었다는 것을 알 수 있다. 그러나 제조업을 보면 기초비용에 대한 수입의 비율이 1929년보다 매우 낮은 수준으로 하락한다. 앞에서 설명한 바 있지만, 이것은 1933~1937년 중 강력한 노동조합의 결과인 것으로 보인다.

원재료 가격의 변동

이 장을 시작하면서 언급한 바 있지만 1차 산품 가격의 단기 변화는 주로 수요 변화를 반영한다. 따라서 1차 산품의 가격은 경기하강기에는 크게 하락하고 경기 상승기에는 크게 상승한다.

원재료 가격은 임금률보다 더 큰 순환변동을 보이는 것으로 알려졌다. 이러한 현상의 원인은 다음과 같이 설명할 수 있다. 임금률이 일정한 경우에도 원재료 가격은 불황기에 '실질' 수요의 부진으로 하락한다. 불황기에 명목임금을 삭감하더라도 결코 원재료 가격을 따라 잡을 수 없는데 그 이유는 임금삭감은 수요 감소를 가져오고 수요 감소는 1차 산품의 추가적인 가격 하락을 가져오기 때문이다. 실질 수요의 부진으로 원재료 가격이 20% 하락한다고 가정해 보자. 더 나아가 임금률 역시 이후에

20% 하락한다고 가정하자. 이럴 경우 가격형성 이론에 따라 일반적인 가격 수준 역시 약 20% 하락한다(독점도는 어느 정도 증가하겠지만 크게 증가하지는 않는다). 그러나 이에 상응하여 소득, 수요, 그리고 원재료 가격이 하락할 것이다.

표 4는 1929~1941년 중 미국의 원재료 가격과 시간당 임금을 비교하고 있다.

시간당 임금 대비 원재료 가격의 비율은 부분적으로 노동 생산성의 향상을 반영하면서 장기적으로 하락하는 추세를 보이고 있다. 그러나 이것이 특히 1929~1933년의 불황기와 1937~1938년의 불황기의 명백한 하락에 나타나고 있는 순환 형태를 모호하게 하는 것은 아니다.

[표 4] 원재료 가격 및 시간당 임금지수:
미국 제조업, 광업, 건설 및 철도(1929~1941)

연도	원재료 가격	시간당 임금	원재료 가격/시간당 임금
1929	100.0	100.0	100.0
1930	86.5	99.1	87.3
1931	67.3	94.5	71.2
1932	56.5	82.1	68.8
1933	57.9	80.9	71.6
1934	70.4	93.8	75.1
1935	79.1	98.0	80.7
1936	81.9	99.5	82.3
1937	87.0	109.6	79.4
1938	73.8	111.1	66.4
1939	72.0	112.3	64.1
1940	73.7	115.7	63.7
1941	85.6	126.6	67.6

출처: *Department of Commerce*, Statistical Abstract of the United States, Survey of Current Business, Supplement.

최종재의 가격 형성

앞에서 설명한 이론에 의하면 최종재의 가격 형성은 다음의 공식에 근거하여 생산의 각 단계에서 이루어지는 가격 형성의 결과이다.

$$\bar{p} = \frac{m}{1-n} \bar{u} \tag{2}$$

주어진 독점도에서 각 단계에서의 가격은 단위당 기초비용에 비례한다. 생산 1단계에서 기초비용은 임금 및 1차 산품의 비용으로 구성된다. 다음 단계에서 가격은 이전 단계의 가격 및 현 단계의 임금에 근거하여 형성된다. 이것이 단계적으로 반복된다. 따라서 주어진 독점도에서 최종재의 가격은 한편으로는 1차 산품 가격의 동차선형함수homogeneous linear function이고, 다른 한편으로는 모든 생산단계에서의 임금 비용의 동차선형함수이다.

경기순환의 과정에서 임금 변동이 원재료 가격의 변동보다 훨씬 작기 때문에(앞부분을 보라) 최종재의 가격 역시 원재료 가격보다 변동이 훨씬 작게 된다.

최종재 가격의 또 다른 분류인 소비재 및 투자재 가격에 대해 불황기에 투자재의 가격이 소비재의 가격보다 더 많이 하락한다고 흔히 가정한다. 현재의 이론에서 그러한 주장에 대한 근거는 없다. 오히려 투자재 가격과 비교하면 소비재 가격이 더욱 하락한다는 것을 지지하는 전제들이 있을 수 있다. 소비재의 경우 식품을 포함하는 1차 산품의 비중이 총체적으로 볼 때 투자재의 경우보다 더 크며 1차 산품의 가격은 불황기에 임금보다 더 하락한다.

표 5는 1929~1941년 중 미국의 원재료, 소비재(소매 수준에서) 및 최종 투자재 가격의 지수를 보여주고 있다. 원재료 가격이 최종소비재나 투자재의 가격보다 훨씬 더 큰 변동을 보여주고 있음을 볼 수 있다.

[표 5] 미국 원재료, 소비재 및 투자재 가격지수(1929~1941)

연도	원재료 가격	소비재 가격	투자재 가격[9]	투자재 가격/소비재 가격
1929	100.0	100.0	100.0	100.0
1930	86.5	95.3	97.2	102.0
1931	67.3	85.3	89.2	104.3
1932	56.5	75.0	80.3	107.1
1933	57.9	71.5	78.3	109.5
1934	70.4	75.8	85.8	113.2
1935	79.1	77.8	84.7	108.9
1936	81.9	78.5	87.3	111.2
1937	87.0	81.5	92.4	113.4
1938	73.8	79.6	95.8	120.4
1939	72.0	78.9	94.4	119.6
1940	73.7	79.8	96.9	121.4
1941	85.6	84.8	102.9	121.3

출처: *Department of Commerce*, Survey of Current Business.

소비재 가격에 대한 투자재 가격의 비율은 분명한 상승 추세를 보이고 있다. 그러나 그림 2에 있는 이 비율의 시간곡선time-curve을 보면 전

---

[9] 소비 및 고정자본투자의 디플레이션에 내재된 가격지수는 *National Income Supplement to Survey of Current Business*, 1951에서 계산하였다. 이 지수는 파셰(Paasche)식 지수임이 분명하다.

기간을 고려할 때보다 1929~1933년 및 1937~1938년의[10] 경기 하강기 때 분명한 상승을 보여주고 있다. 다른 한편에서는 소비재 가격에 대한 투자재 가격 비율의 순환적 변동이 비록 뚜렷하기는 하지만 진폭은 더 작은 것으로 보인다.

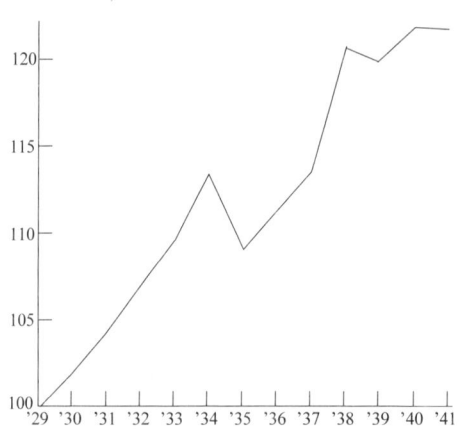

그림 2. 미국 소비재 가격에 대한 투자재 가격 비율(1929~1941)

---

[10] 그러나 1937~1938년의 경우 그러한 현상은 특별한 요인에 의해 과장된 것으로 보인다.

02 국민소득분배

소득 대비 임금의 상대적 비중의 결정요인

이제 우리는 앞 장에서 논의한 특정 산업에서 기초비용에 대한 수입의 비율을 그 산업의 부가가치 대비 임금의 상대적 비중과 연결하고자 한다. 다시 말해서 생산물의 가치에서 재료비용을 차감한 부가가치는 임금, 간접비 및 이윤의 합과 같다. 만약 총임금을 W, 재료의 총비용을 M, 그리고 총기초비용에 대한 총수입의 비율을 k라고 하면 다음과 같은 식을 얻을 수 있다.

$$간접비 + 이윤 = (k-1)(W+M)$$

단, 앞에서 논의한 바로는 기초비용에 대한 수입의 비율인 k는 독점도에 의해 결정된다. 특정 산업의 부가가치 대비 임금의 상대적 비중은 다음과 같이 나타낼 수 있다.

$$w = \frac{W}{W + (k-1)(W+M)}$$

만약 임금 대비 총재료비용의 비율을 j라고 하면, 다음의 (3)식과 같게 된다.

$$w = \frac{1}{1+(k-1)(j+1)} \tag{3}$$

부가가치 대비 임금의 상대적 비중은 독점도 및 임금 대비 재료비의 비중에 의해 결정된다.

특정 산업에 성립되는 (3)식과 유사한 식을 제조업 전체에 대해서도 나타낼 수 있다. 그러나 여기서 기초비용에 대한 수입의 비율과 임금 대비 재료비의 비율은 제조업 전체에서 차지하는 특정 산업의 중요성에 역시 의존한다. (3)식에서 기초비용에 대한 수입의 비율인 k와 임금 대비 재료비의 비율인 j를 특정 산업의 중요성 변화에 의한 영향을 제거하려는 방법으로 조정된 k'과 j'으로 대체한다. 그러면 다음의 (3')식과 같게 된다.

$$w' = \frac{1}{1+(k'-1)(j'+1)} \tag{3'}$$

부가가치 대비 임금의 상대적 비중이 (3')식과 같이 계산될 경우 이 w'은 부가가치 대비 임금의 상대적 비중의 실제 값인 w와 차이가 발생하는데 그 차이는 산업별 부가가치 비중의 변화로 인한 것이다.

(3')식의 모수 중 하나인 k'은 제조업의 독점도에 의해 결정된다. j'의 결정요인에 대한 문제는 좀 더 복잡하다. 재료의 가격은 1차 산품의 가격, 생산 초기단계의 임금 비용 및 생산 초기단계에서의 독점도에 의해 결정된다. 따라서 대충 말하면 단위임금비용에 대한 단위재료비용의 비

율과 같은 j'은 단위임금비용에 대한 1차 산품의 가격 비율과 제조업의 독점도에 의해 결정된다.[1] 요약하면, 산업별 부가가치 비중과는 무관하게 제조업의 부가가치 대비 임금의 상대적 비중은 독점도 및 단위임금비용에 대한 원재료 가격의 비율에 따라 결정된다. 단위임금비용과 비교하여 독점도나 원재료 가격이 상승하면 부가가치 대비 임금의 상대적 비중이 하락한다.

이와 관련하여 최종재 가격과 다르게 원재료 가격은 수요에 의해 결정된다는 것을 기억해야 한다. 단위임금비용에 대한 원재료 가격의 비율은 원재료의 수요에 의해 결정된다. 한편 원재료의 수요는 단기적으로 비탄력적인 공급(3쪽 및 20쪽 참조)과 관련한 경제활동의 수준에 의해 결정된다.

이제 앞에서 살펴본 방법과 같은 방법으로 제조업보다 더 광범위한 산업군 즉 제조업, 건설업, 운수업 및 서비스업을 고려해 보는데 이 그룹의 가격형성 형태는 유사하다고 가정하자. 이 그룹을 전체적으로 보면 총부가가치 대비 임금의 상대적 비중은 독점도가 증가하거나 단위임금비용에 대한 1차 산품 가격의 비율이 증가함에 따라 감소할 것이다. 물론 이 결과는 그룹 전체에서 산업별 부가가치 비중 변화에 영향을 받을 것이다.

이제 이 정리theorem가 민간부문의 국민총소득(즉, 국민소득에서 공무

---

[1] 이러한 대략적인 일반화는 단순화를 위한 두 가지 가정에 근거하고 있다. 하나의 가정은 단위재료비용은 재료 가격과 비율적으로 변한다. 즉, 재료 이용에서 효율성의 변화를 고려하지 않는다는 것이다. 또 다른 가정은 생산 초기단계에서 단위임금비용은 생산 후기단계에서의 단위임금비용과 비례적으로 변한다는 것이다.

원의 소득을 차감하고 감가상각을 포함한 국민총소득) 대비 임금의 상대적 비중을 다룰 수 있도록 일반화될 수 있음을 보여줄 수 있다. 위에서 설명한 산업군 외에 농업 및 광업, 전화·전기·수도 및 가스업, 소매업, 부동산업 및 금융업을 고려해야 한다. 농업 및 광업에서 생산물은 원재료이며 부가가치 대비 임금의 상대적 비중은 단위임금비용에 대한 생산된 원재료의 가격 비율에 주로 의존한다. 나머지 산업들의 부가가치 대비 임금의 상대적 비중은 무시해도 된다. 따라서 대체로 독점도, 단위임금비용에 대한 원재료 가격의 비율 및 산업 구성비가[2] 민간부문의 국민총소득 대비 임금의 상대적 비중을 결정하는 요인들임을 알 수 있을 것이다.

소득분배의 장단기 변화

앞에서 살펴본 바로는 제조업과 같은 산업군의 부가가치이든 모든 민간부문의 총소득이든 임금의 상대적 비중의 장기적인 변화는 독점도, 단위임금비용과 관련한 원재료 가격 및 산업 구성비의 장기 추세에 의해 결정된다. 앞에서 살펴본 바와 같이 독점도는 장기적으로 상승하고 이에 따라 소득 대비 임금의 상대적 비중을 낮추는 일반적인 경향을 가지고 있으며 이 경향은 어느 시기는 다른 시기보다 훨씬 더 강하다. 그러나

---

[2] 여기서 산업 구성비란 민간부문 국민총소득의 구성비를 의미한다는 것에 유의해야 한다. 따라서 구성비의 변화는 개별 산업의 양적인 변화뿐만 아니라 가격의 상대적 변화에도 영향을 받는다.

원재료 가격과 단위임금비용의 관계(원재료 수요-공급의 장기적인 변화에 의존)나 산업 구성비에 대해서 일반화하기는 어렵다. 따라서 소득 대비 임금의 상대적 비중의 장기 추세에 대해 사전事前적으로 언급하는 것은 불가능하다. 다음에 살펴보겠지만, 미국 제조업의 부가가치 대비 임금의 상대적 비중은 1880년 이후 급속도로 하락한다. 반면에 영국은 1880년대부터 1924년까지 국민소득 대비 임금의 상대적 비중은 장기적으로는 등락을 반복하지만, 그 비중을 유지하고 있다.

경기순환과정에서 소득 대비 임금의 상대적 비중 변화에 대해 좀 더 구체적으로 살펴볼 수 있다. 독점도는 불황기에 어느 정도 증가하는 경향이 있다는 것을 발견하였다(21쪽 참조). 임금과 비교하면 원재료 가격은 불황기에 하락한다(20쪽 참조). 독점도는 소득 대비 임금의 상대적 비중을 감소시키는 경향이 있고 원재료의 가격은 소득 대비 임금의 상대적 비중을 증가시키는 경향이 있다. 끝으로 불황기에 산업 구성비의 변화는 임금의 상대적 비중에 악영향을 준다. 사실 이러한 변화는 다른 활동과 관련한 투자의 감소에 압도되고 투자재 산업에서 소득 대비 임금의 상대적 비중은 다른 산업들보다 일반적으로 높다. (전화·전기·수도 및 가스업, 소매업, 부동산업 및 금융업에서 특히 임금 지급은 상대적으로 중요하지 않다).

독점도, 원재료 가격, 그리고 산업 구성비 변화 등 세 가지 요인의 변화가 소득 대비 임금의 상대적 비중에 미치는 영향을 살펴보면 독점도 및 산업 구성비 변화는 양(+)의 영향을 미치고 원재료 가격 변화는 음(−)의 영향을 미쳐 순효과는 작은 것으로 나타난다. 따라서 산업군 부가가치로 보든 민간부문 국민총소득 전체로 보든 임금의 상대적 비중은 뚜렷한 순환 변동을 보이는 것 같지 않다.

지금까지 논의한 내용은 (a) 미국 제조업의 부가가치 대비 임금의 상대적 비중과 영국의 국민소득 대비 임금의 상대적 비중의 장기 변화에 대한 분석, (b) 대공황기 중 미국 제조업의 부가가치 대비 임금의 상대적 비중 변화에 대한 분석, (c) 동 기간 중 미국과 영국의 국민소득 대비 임금의 상대적 비중 변화에 대한 분석을 통해 살펴볼 수 있다.

미국 제조업 부가가치와 영국 국민소득 대비 임금의 상대적 비중의 장기 변화

미국 제조업의 부가가치 대비 임금의 상대적 비중의 장기 변화를 표 6에서 분석하고 있다. 처음 두 열에서 기초비용에 대한 수입 비율의 조정치인 k'과 임금 대비 재료비 비율의 조정치인 j'이 주어져 있다.[3] 이 두 계열로부터 부가가치 대비 임금의 상대적 비율의 조정치인 w'이 (3') 식에 의해 도출된다. 마지막 열에 부가가치 대비 임금 비중의 원자료가 주어져 있다. w와 w' 차이($=w-w'$)의 변화는 산업별 부가가치 구성비 변화의 영향을 나타낸다.

---

[3] 기초비용에 대한 수입 비율의 조정치인 k'은 표 3에 있는 자료와 같다. 임금 대비 재료비 비율의 원자료와 표 5에 있는 j'의 계산에 대한 설명은 통계 부록 주 2 및 주 3을 참조하라. 총조사의 범위와 방법의 변화로 인한 조정 내용도 동일 주석에 설명되어 있다.

[표 6] 부가가치 대비 임금의 상대적 비중: 미국 제조업(1879~1937)

연도	수입/기초비용	재료비/임금	부가가치 대비 임금 비중	부가가치 대비 임금 비중
	기준연도인 1899년의 산업 비중 적용			원자료
	k'	j'	w'	w
	(%)			
1879	124.0	355	47.8	47.8
1889	131.0	297	44.8	44.6
1899	133.3	337	40.7	40.7
1914	131.4	341	41.9	40.2
1923	132.7	292	43.8	41.3
1929	139.6	311	38.1	36.2
1937	136.3	298	40.9	38.6

출처: *United States Census of Manufactures.*

부가가치 대비 임금 비중의 실제치인 w는 1879~1937년 중 지속적이지는 않지만, 상당히 하락하였다. 그 이유는 독점도의 상승을 나타내는 k', 즉 기초비용에 대한 수입 비율의 조정치 증가 때문인 것으로 우리는 해석하였다. 임금 대비 재료비 비율의 조정치인 j'은 상승하기보다는 하락하는 경향을 보여 일반적으로 그 변화는 w의 하락을 완화했다. 끝으로 산업 구성비의 변화는 부가가치 대비 임금 비중의 실제치인 w를 하락시켰다. 사실 부가가치 대비 임금 비중의 실제치인 w가 그 조정치인 w'보다 더 하락하였다.

국민소득 대비 상대적 임금의 장기간에 걸친 미국 자료는 존재하지 않지만, 영국 자료는 존재한다.

표 7은 영국의 국내총소득[4] 대비 임금의 상대적 비중을 나타내 주고

있다. 또한 표 7은 임금률 지수 대비 도매가격 Sauerbeck 지수의 비율을 포함하고 있다. 이 비율은 단위임금비용 대비 원재료 가격의 비율 변화에 대한 근사 지표로 볼 수 있다. 비록 Sauerbeck 지수가 도매가격의 일반적인 지수이기는 하나 이 지수는 원재료 및 준제조업 가격에 주로 근거하고 있다. 임금률 지수는 생산성의 장기적인 상승으로 인해 임금비용 지수보다 빠른 속도로 상승한다(또는 느린 속도로 하락한다). 따라서 단위임금비용 대비 원재료 가격의 비율 지표에 하강 추세가 포함되어 있다.

그러나 임금률 지수가 일부 능률급piece rates(역자 주: 작업량에 따른 임금)에 근거하고 있기 때문에 이 추세는 느려질 것이다. 따라서 단위임금비용 대비 원재료 가격의 비율 지표처럼 임금비용 대비 원재료 가격의 비율은 1881~1885년부터 1891~1895년까지 하락했을 가능성이 매우 높다. 1896~1900년부터 1911~1913년까지 이 비율은 확실히 상승하였고 1911~1913년부터 1924년까지 다시 하락하였다.

국민소득 대비 노동소득의 상대적 비율의 이동은 다음과 같은 방식으로 해석할 수 있다. 독점도가 장기적으로 상승하였지만 1881~1885년부터 1891~1895년까지 단위임금비용 대비 원재료 가격 비율의 하락으로

---

[4] 국내총소득(Home-produced national income)은 국민소득에서 여기서 고려하고 있는 분배의 문제와 상관이 없는 해외투자를 차감한 것이다. 이러한 조정을 했음에도 불구하고 자료는 우리의 개념과 완선히 일치하시 않는네 그 이유는 자료가 총국민소득보다는 순국민소득과 관계되어 있고, 앞에서는 민간부문 국민소득 대비 임금의 상대적 비중을 논의하였으나 여기서 국민소득은 공무원의 소득을 포함하고 있기 때문이다. 그러나 이러한 요인들이 국민소득 대비 임금의 상대적 비중의 추세에 심각한 영향을 주는 것 같지는 않다.

그 영향은 대부분 상쇄되었다. 1896~1900년부터 1911~1913년까지 단위임금비용 대비 원재료 가격 비율의 증가로 독점도의 영향은 강화되었고, 이 비율이 1911~1913년부터 1924년까지 하락함으로써 최종적으로 그 영향이 완전히 상쇄되고도 남았다. 따라서 이 해석에 따르면 국민소득 대비 임금의 상대적 비중이 1881~1885년과 1924년이 거의 같다는 사실은 독점도의 변화에 따른 영향과 단위임금비용 대비 원재료 가격 비율의 변화에 따른 영향이 우연히 균형을 이룬 결과인 것 같다. 불행하게도 국민소득에서 산업 구성비 변화로 인한 영향 때문에 이 해석은 결론으로 간주할 수 없다.

[표 7] 국내총소득 대비 임금의 상대적 비중: 영국(1881~1924)

기간	임금의 상대적 비중 (%)	도매가격의 Sauerbeck 지수/임금률 지수 (1981=100)
1881~1885	40.0	93.6
1886~1890	40.5	80.8
1891~1895	41.7	73.5
1896~1900	40.7	70.6
1901~1905	39.8	72.4
1906~1910	37.9	78.3
1911~1913	37.1	82.1
1924	40.6	69.6

출처: A. R. Prest, 'National Income of the United Kingdom,' Economic Journal, March 1948: Unpublished estimates of U. K. income from overseas by F. Hilgerdt; Statist; A. L. Bowley, Wages and Income in the United Kingdom since 1860, Table 1, p. 6, Woods' index of wage rates.

대공황기 미국 제조업의 부가가치 대비 임금의 상대적 비중 변화

미국 제조업의 부가가치 대비 임금의 상대적 비중의 장기 변화에 대한 분석(표 6 참조)과 같은 방법으로 대공황기 미국 제조업의 부가가치 대비 임금의 상대적 비중 변화에 대한 분석 내용을 표 8에서 보여 주고 있다. 표 8은 기초비용에 대한 수입 비율의 조정치인 k'과 임금 대비 재료비 비율의 조정치인 j'을 포함하고 있다.

k'과 j'으로부터 (3')식에 의해 부가가치 대비 임금의 상대적 비율의 조정치인 w'이 계산된다. 끝으로 부가가치 대비 임금 비중의 실제치인 w가 주어져 있고 w와 w' 차이(=$w-w'$)의 변화는 산업 구성비 변화의 영향을 나타낸다.

[표 8] 부가가치 대비 임금의 상대적 비중: 미국 제조업(1829~1937)

연도	수입/기초비용	재료비/임금	부가가치 대비 임금 비중	부가가치 대비 임금 비중
	기준연도인 1929년의 산업 비중 적용			원자료
	k'	j'	w'	w
	(%)			
1929	139.4	346	36.2	36.2
1931	142.2	307	36.8	35.7
1933	142.3	312	36.4	35.0
1935	136.7	314	39.7	37.9
1937	136.6	331	38.8	38.6

출처: *United States Census of Manufactures*. 자세한 내용은 통계 부록의 주 2와 주 3을 보라.

만약 임시로 산업 구성비 변화의 영향을 제거하고 단지 k', j' 및 w'만 고려하면 다음과 같은 사실이 드러난다. 1929년부터 1933년까지 기초비용에 대한 수입 비율인 k'이 불황기 독점도의 상승을 반영하면서 증가하였다(21쪽 참조). 그러나 임금과 관련한 원재료 가격이 하락한(불황기의 전형적인 현상) 결과 임금 대비 재료비의 비율이 동시에 하락한다. 이 두 요인이 부가가치 대비 임금의 상대적 비율인 w'에 미치는 영향은 서로 반대이다. w'이 1929년부터 1933년까지 안정적인 것을 볼 때 이 두 요인이 균형을 이루고 있는 것 같다. 1933년부터 1937년까지 기초비용에 대한 수입 비율의 조정치인 k'이 하락하였으나 임금 대비 재료비 비율의 조정치인 j'의 상승으로 상쇄되지 못한 결과 부가가치 대비 임금의 상대적 비율의 조정치인 w'은 상승하였다. 이 상황은 노동조합의 힘이 증대되어 회복기에 독점도가 상대적으로 크게 감소한 것을 반영한다. 1937년 j'이 1929년 수준으로 회복되지 못했다는 사실에 반영되고 있듯이 임금 비용과 비교하면 원재료 가격의 장기적 하락 경향은 독점도의 감소에 기여한 요인이었다.

부가가치 대비 임금의 상대적 비율의 실제치와 조정치의 차이인 $w-w'$는 불황기에 하락하였다(1929년부터 1933년까지 w'은 안정적이었던 반면에 w는 어느 정도 하락했고, 1933년부터 1937년까지 w는 w'보다 약간 더 상승하였다.) 이것은 불황기에 총제조업 생산보다 투자재 생산이 더 크게 하락하였기 때문이다. 사실 부가가치 대비 임금의 상대적 비중은 제조제품 전체보다 투자재에서 더 높고 이에 따라 불황기에 투자재 생산의 중요성이 감소하는 것은 제조업 전체 부가가치 대비 임금의 상대적 비중을 감소시키는 경향을 보인다.

경기순환과정에서 부가가치 대비 임금의 상대적 비중의 변화를 결정하는 세 요인의 가중치를 살펴보는 것은 흥미 있는 일이다. 이를 위해 임금 대비 재료비의 비율은 1929년 수준에서 변화가 없는 반면에 기초비용 대비 수입의 비율만이 변한다면 1933년 w'의 값이 어떻게 될지 (3')식으로부터 계산할 수 있는데 그 값이 34.6%이다. 이 숫자와 1929년 및 1933년의 w, 1933년의 w'(표 8 참조)를 이용하여 표 9를 만들 수 있다.

[표 9] 미국 제조업 부가가치 대비 임금의 상대적 비중 변화에 대한 분석(1929~1933)

항목	해당 연도			
수입÷기초비용	1929	1933	1933	1933
재료비÷임금	1929	1929	1933	1933
산업 구성비	1929	1929	1929	1933
부가가치 대비 임금의 상대적 비중	36.2	34.6	36.4	35.0
차이		-1.6	+1.8	-1.4

두 번째 열과 첫 번째 열의 차이는 기초비용 대비 수입 비율의 변화 영향을 나타내고, 세 번째 열과 두 번째 열의 차이는 임금 대비 재료비 비율의 변화 영향을 나타내며, 네 번째 열과 세 번째 열의 차이는 산업 구성비의 변화 영향을 나타낸다.

위에서 고려한 세 요인의 영향은 상대적으로 작다는 것을 보게 될 것이다. 따라서 이것은 불황기에 부가가치 대비 임금의 상대적 비중이 대체로 안정적임을 설명해 준다.

대공황기 미국과 영국의 국민소득 대비 임금의 상대적 비중 변화

국민소득 통계는 급여로부터 임금을 분리해서 제공하지 않기 때문에 불행하게도 이 주제에 맞는 정확한 미국 자료는 존재하지 않는다. 그러나 1929~1937년 중 민간부문의 총소득 대비 임금의 상대적 비중 변화에 대해 근사치를 만드는 것은 가능하다. 제조업의 임금 자료를 이용할 수 있다.[5] 위에서 언급한 바와 같이 어떤 산업군, 즉 소매업(가게 점원은 샐러리맨으로 분류된다), 금융업 및 부동산업, 전화·전기·수도 및 가스업에서 임금 지급은 무시할 만하다. 나머지 산업들, 즉 농업, 광업, 건설업, 운수업 및 서비스업에서는 단지 급여와 임금을 합한 자료만 이용할 수 있다. 만약 제조업의 급여 가중지수와 농업, 광업, 건설업, 운수업 및 서비스업의 임금 및 급여 가중지수를 계산하면 총임금 지수의 근사치를 얻게 된다. (사실 여기서 고려하고 있는 나머지 산업들의 급여는 임금과 유사하게 움직이지만 제조업 임금은 총임금의 절반 정도를 차지하고 있다.) 우리는 이 지수를 민간부문의 총소득 지수로 나누어 민간부문 총소득 대비 임금의 상대적 비중 지수의 근사치를 얻는다.

이 계열은 느린 속도로 상승하는 장기 추세를 보여주고 있는데 그 이유는 1933년 이후 노동조합이 강력해짐으로써 독점도가 하락한 것이 주요 원인이고 임금비용과 관련한 원재료 가격의 하락에 일부 기인한다.

---

[5] 모든 연도의 급여 자료를 이용할 수 있다. 그 자료는 총조사가 시행된 연도의 제조업 총조사와 일치한다.

순환 변동은 확실히 작다. (만약 농업, 광업, 건설업, 운수업 및 서비스업의 급여를 제외하면 이 지수는 불황기에 어느 정도 낮아지게 되는데 그 이유는 일반적으로 급여는 임금보다 어느 정도 작게 하락하기 때문이다. 그러나 순환 변동이 작다는 것은 의심할 여지가 없다.) 이러한 결과는 제조업 부가가치 대비 임금의 상대적 비중 분석에서 나타난 것과 같은 요인들의 상호작용 때문일 가능성이 가장 크다.

[표 10] 미국 민간부문 총소득 대비 임금의 상대적 비중 지수의 근사치(1929~1937)

연도	제조업 임금 지수	농업, 광업, 건설업, 운수업 및 서비스업 임금 및 급여 지수	결합지수
		민간부문 총소득 관련	
1929	100.0	100.0	100.0
1930	94.1	105.3	99.7
1931	90.8	109.5	100.1
1932	87.6	113.5	100.8
1933	100.2	109.3	104.8
1934	107.8	102.7	105.3
1935	106.7	96.2	101.5
1936	110.8	99.3	105.1
1937	116.4	96.7	106.6

출처: *United States Census of Manufactures, Department of Commerce*, National Income Supplement to Survey of Current Business, 1951. 자세한 내용은 통계 부록의 주 4를 보라.

불황기에는 '임금을 지급하는' 산업에서 독점도가 상승할 가능성이 있으나 임금과 관련한 원재료 가격은 하락한다. 불황기에 민간부문 산업 구성비의 변화는 임금의 상대적 비중을 낮추는 경향이 있다. 사실 '임금을 지급하는' 산업에서 다른 산업으로 국민소득분배의 상대적 이동이 발생한다. 또한 '임금을 지급하는' 그룹 내에서는 총소득 대비 임금의 상대적 비중이 높은 산업에서 낮은 산업으로 상대적 이동이 발생한다. 이러한 이동은 불황기에 상대적으로 큰 투자활동의 감소에 주로 기인한다. 따라서 제조업과 마찬가지로 독점도의 증가 및 산업 구성비의 변화가 불황기에 총소득에 미치는 악영향은 임금과 관련한 원재료 가격의 하락에 의한 영향으로 대개 상쇄되는 것으로 보인다.

이제 1929~1938년 중 영국의 임금과 국내총소득 간의 관계를 고려해 보자.[6] 동 기간 중 두 가지 국민소득 자료가 이용 가능한데 하나는 볼리A. L. Bowley교수가 추정한 자료이고 다른 하나는 스톤J. R. S. Stone이 추정한 자료이다. 그러나 임금에 대해서는 볼리의 추정치만 존재한다. 그러나 다행스럽게도 동 기간 중 국민소득에 대한 두 자료의 절댓값은 다르지만, 지수는 일반적으로 매우 유사하다.

표 11은 볼리 및 스톤의 두 가지 국민소득에 대한 임금(볼리 추정치) 비율의 지수를 나타내 주고 있다. 두 계열 모두 뚜렷한 순환 변동을 나타내지 못하고 있음을 볼 수 있다.

---

[6] 앞에서 설명한 바와 같이(32쪽 각주 참조) 영국의 국내총소득 자료는 우리가 사용하는 민간부문 총소득 개념과 완전히 일치하지는 않는데 그 이유는 국민소득은 감가상각을 차감한 순개념이고 공무원의 급여를 포함하고 있기 때문이다. 그러나 이 기간에 국민소득 대비 임금의 상대적 비중의 변화는 우리가 사용하는 개념에 대응하는 변화를 나타내 준다.

[표 11] 영국 국민소득 대비 임금의 상대적 비중 지수(1929~1938)

연도	국민소득(볼리)과 관련한 임금(볼리)	국민소득(스톤)과 관련한 임금(볼리)
1929	100.0	100.0
1930	97.6	100.0
1931	98.4	98.8
1932	99.8	99.1
1933	95.3	96.8
1934	96.9	98.5
1935	96.8	98.0
1936	96.7	97.5
1937	102.4	97.9
1938	98.1	97.4

출처: A. L. Bowley, Studies in the National Income; A. R. Prest, 'National Income of the United Kingdom,' Economic Journal, March 1948: Board of Trade Journal.

민간부문 총소득 대비 임금 및 급여의 상대적 비중의 순환 변화

앞에서 우리는 총소득 대비 임금의 상대적 비중 변화만을 다루었다. 이제 임금뿐만 아니라 급여를 고려함으로써 민간부문 총소득 대비 노동소득의 상대적 비중 문제를 간략하게 고려할 것이다. 기업 집중도가 증가한 결과 간접비와 이윤의 합에 대한 급여의 중요성이 증가하고 있기 때문에 소득분배이론을 소득 대비 임금과 급여의 상대적 비중의 장기 변화 분석에 응용하는 것은 매우 어렵다. 그러나 민간부문의 총소득 대비 임금과 급여의 상대적 비중의 순환 변동은 살펴볼 수 있는데 이는 매우 흥미롭다.

위에서 살펴본 바와 같이 민간부문의 총소득 대비 임금의 상대적 비중은 경기순환의 과정에서 상당히 안정적인 경향을 보여준다. 그렇다고 해서 임금 및 급여의 상대적 비중이 안정적이라고 기대할 수는 없다. 급여는 '간접비'의 성격상 불황기에는 임금보다 덜 하락하고 호황기에는 임금보다 덜 상승한다. 따라서 '실질' 임금 및 급여인 V는 경기순환과정에서 민간부문의 '실질' 총소득인 Y보다 덜 변동한다고 기대할 수 있다.[7] 결과적으로 다음의 방정식을 얻을 수 있다.

$$V = \alpha Y + B$$

단, B는 비록 장기적으로는 변한다 하더라도 단기에는 양의 상수이다. $V < Y$이고 $B > 0$이므로 계수 α는 1보다 작다. 만약 이 방정식의 양변을 '실질' 소득인 Y로 나누면 다음의 (4)식을 얻게 된다.

$$\frac{V}{Y} = \alpha + \frac{B}{Y} \tag{4}$$

단, $\frac{V}{Y}$는 민간부문 총소득 대비 임금 및 급여의 상대적 비중을 나타낸다. 물론 '실질' 소득 Y가 하락하면 $\frac{V}{Y}$는 증가한다. (4)식은 다음에 논의할 경기순환이론에서 하나의 연결고리가 된다는 것을 유의할 필요가 있다.

---

[7] 임금 및 급여와 민간부문 총소득 모두 같은 가격 지수로 디플레이트 된다고 가정한다.

이제 우리는 (4)식을 1929~1941년의 미국 자료에 적용할 것이다. 1939년 민간부문의 총소득과 이 소득 대비 임금 및 급여의[8] 상대적 비중이 표 12에 나타나 있다.[9] (4)식에 따라 우리는 소득 대비 임금 및 급여의 상대적 비중인 $\frac{V}{Y}$를 '실질' 소득의 역수인 $\frac{1}{Y}$과 장기 추세의 가능성을 잡아주는 시간 변수 t(1929~1941년 중 중간 연도인 1935년부터 시간을 포함함)와 관련시켰다. 우리는 다음의 회귀방정식을 얻었다.

$$\frac{V}{Y} \cdot 100 = 42.5 + \frac{707}{Y} + 0.11t$$

이중상관계수double correlation coefficient는 0.926이다. 회귀방정식으로부터 계산된 $\frac{V}{Y}$의 값이 표 12에 또한 주어져 있다. 양(+)의 추세는 독점도의 하락과 단위 임금비용과 관련한 원재료 가격의 하락에 의한 영향을 반영한다고 할 수 있다.

---

[8] 급여에는 이윤에 민감한 고위 경영진들의 급여가 포함되어 있다는 것에 유의해야 한다.
[9] 디플레이터로 미국 상무성의 민간부문 실질 총생산의 디플레이션에 내재한 지수가 사용되었다. 자세한 사항은 통계 부록 주 5 및 주 6을 참조하라.

[표 12] 미국 민간부문 총소득 대비 임금 및 급여의 상대적 비중(1929~1941)

연도	임금 및 급여/민간부문 총소득 $\frac{V}{Y} \cdot 100$ (%)	1939년 가격 기준 민간부문 총소득 Y (십억 달러)	임금 및 급여/민간부문 총소득 (계산값) (%)
1929	50.0	74.1	51.0
1930	52.4	65.9	52.6
1931	55.0	59.3	54.1
1932	57.9	48.0	57.0
1933	57.8	46.9	57.1
1934	56.0	51.9	55.8
1935	52.7	57.7	54.5
1936	53.4	65.5	53.2
1937	53.3	69.0	52.6
1938	53.2	64.3	54.2
1939	53.5	68.8	53.6
1940	52.1	75.9	52.3
1941	51.4	89.6	51.0

출처: United States Department of Commerce, National Income Supplement to Survey of Current Business, 1951.

2부

이윤 및 국민소득의 결정

03 이윤의 결정요인

단순모형에서 이윤이론[1]

우리는 먼저 정부지출 및 세금은 무시할 만한 폐쇄경제에서 이윤의 결정요인을 고려할 수 있다. 따라서 국민총생산은 총투자(고정자본 및 재고)와 소비의 합과 같다. 국민총생산의 가치는 세금을 내지 않으므로 노동자와 자본가에게 분배된다. 노동자의 소득은 임금과 급여로 구성되어 있다. 자본가의 소득 또는 총이윤은 감가상각 및 미처분 이윤, 배당금 및 비법인기업으로부터의 수익, 지대 및 이윤을 포함한다. 따라서 우리는 다음과 같은 국민총생산 대차대조표를 나타낼 수 있는데 여기서 자본가 소비와 노동자 소비를 구분한다.

총이윤	총투자
임금 및 급여	자본가 소비
	노동자 소비
국민총생산	**국민총생산**

---

[1] 여기서 설명하는 이윤이론은 나의 'Essai d'une Théorie de Mouvement Cyclique des Affaires', 《Revue d'Economie Politique》, 1935년 3~4월 및 'A Macrodynamic Theory of Business Cycles', 《Econometrica》, 1935년 7월호에서 개발되었다.

만약 노동자는 저축하지 않는다고 추가로 가정하면 노동자의 소비는 노동자 소득과 같게 되어 다음의 방정식을 얻게 된다.

총이윤 = 총투자 + 자본가 소비

이 방정식이 왜 중요한가? 특정 시기에 이윤이 자본가 소비와 투자를 결정한다는 것을 의미하는가? 아니면 그 역인가? 이 질문에 대한 답은 방정식 내 어떤 항목이 자본가의 의사결정과 직접 관계되는지에 달려 있다. 이제 자본가는 전기前期보다 당기當期에 더 많은 소비와 투자를 결정할 수 있을 것이다. 그러나 그들은 더 많은 수입을 결정할 수 없다. 따라서 그들의 이윤을 결정하는 것은 소비 및 투자이지 그 역은 아니다.

만약 우리가 고려하는 시간이 단기이면 자본가의 투자 및 소비가 과거의 의사결정에 의해 정해진다. 투자 발주의 실행에 일정한 시간이 소요되므로 자본가 소비는 일정한 시간이 지난 후에 투자에 영향을 주는 요인들의 변화에 반응한다.

만약 자본가가 전기의 수입만을 가지고 당기에 소비하고 투자하기를 항상 결정한다면 당기의 이윤은 전기의 이윤과 같아지게 될 것이다. 그러한 경우 이윤은 변하지 않을 것이며 앞에서 나온 방정식을 해석하는 문제는 의미가 없게 될 것이다. 그러나 그렇지가 않다. 비록 전기 이윤이 자본가 소비 및 투자의 중요한 결정요인 중 하나이지만 일반적으로 자본가는 전기의 수입만을 가지고 당기에 소비하고 투자하기를 결정하지 않는다. 이것이 이윤은 일정하지 않으며 시간에 따라 변동하는 것을 설명해 준다.

위의 주장은 특정한 조건이 필요하다. 과거의 투자결정은 예상치 못한 자본의 축적 또는 자본의 잠식 때문에 당기의 투자량을 완전히 결정할 수 없다. 그러나 이 요인의 중요성이 종종 과장된 것 같다.

두 번째 조건은 소비 및 투자 결정은 통상적으로 실질값으로 결정되는데 그 사이 물가가 변한다는 사실 때문에 발생한다. 예를 들면 발주에 들어간 설비는 발주 시점보다 비용이 더 많이 소요될 수 있다. 이러한 어려움을 극복하기 위하여 방정식의 양변 모두가 경상가격으로 계산된 것으로 가정한다.

이제 우리는 특정한 단기의 실질 총이윤은 예상치 못한 재고량 변화를 수정하면서 과거 소비 및 투자 행태를 고려하는 자본가의 의사결정에 의해 정해진다고 결론을 내릴 수 있다.

이 문제를 이해하기 위해서는 위에서 설명한 것을 다른 시각에서 설명해 보는 것이 유용하다. 마르크스의 '재생산 표식schemes of reproduction'에 따라 경제를 세 개의 부문, 즉 자본재를 생산하는 I부문, 자본가를 위한 소비재를 생산하는 II부문, 그리고 노동자를 위한 소비재를 생산하는 III부문으로 나눌 수 있다고 가정해 보자. III부문의 자본가는 노동자의 임금과 일치하는 소비재를 노동자에게 판매하고도 자본가의 이윤과 일치하는 소비재 잉여가 있을 수 있다. 이 재화들은 I부문과 II부문의 노동자에게 판매될 것이고 노동자가 저축하지 않으면 판매액은 노동자의 소득과 같아질 것이다. 따라서 총이윤은 I부문의 이윤, II부문의 이윤, 그리고 두 부문의 임금의 합과 같아질 것이다. 또는 총이윤은 두 부문의 생산의 가치, 즉 자본가를 위한 투자재 및 소비재 생산의 가치와 같아질 것이다.

만약 모든 부문에서 이윤과 임금 간의 분배가 주어져 있다면 I부문과

II부문의 생산은 III부문의 생산을 결정할 것이다. III부문의 생산은 생산으로부터 창출된 이윤이 I부문과 II부문의 임금과 같아지게 되는 점까지 증대될 것이다. 또는 이를 다르게 말하면 III부문의 고용과 생산은 III부문 노동자가 그들의 임금으로 구매하는 생산의 잉여가 I부문 및 II부문의 임금과 같아지게 되는 점까지 증대될 것이다.

위의 설명은 이윤이론에서 소득분배를 결정하는 요인(독점도와 같은), 즉 '분배요인'의 역할을 명백하게 해 준다. 자본가 소비 및 투자로 이윤이 결정된다고 하면 '분배요인'에 의해 결정되는 것은 노동자의 소득(여기서는 노동자 소비와 같음)이다. 이러한 방식으로 자본가 소비 및 투자는 '분배요인'과 함께 노동자의 소비를 결정하고 궁극적으로 국민생산 및 고용을 결정한다. 국민생산은 '분배요인'과 일치하면서 국민생산으로부터 창출된 이윤이 자본가 소비 및 투자의 합과 일치되는 점까지 증대될 것이다.[2]

일반적인 경우

이제 우리는 단순모형에서 폐쇄경제가 아니고 정부지출 및 세금을 무

---

[2] 위의 주장은 제1부에서 도입한 탄력적 공급곡선의 가정에 근거한 것이다. 그러나 만약 노동자를 위한 소비재 생산이 최대 수준에 도달했다면 자본가 소비나 투자가 조금만 증가해도 이러한 재화의 가격 상승이 발생할 것이다. 그러한 경우 III부문의 이윤을 I부문 및 II부문에서 상승한 임금과 같게 되는 점까지 III부문을 증가시키는 것은 노동자를 위한 소비재 가격의 상승이다. 증가한 임금이 소비재 공급과 조화를 이룬다는 사실을 반영하여 실질 임금률은 하락할 것이다.

시할 수 없는 현실과 유사한 경제를 살펴보자. 그러면 국민총생산은 총투자, 소비, 재화 및 서비스에 대한 정부지출 및 수출 초과의 합과 같다. (여기서 '투자'는 민간투자, 재화 및 서비스에 대한 정부지출에 포함된 공공투자를 나타낸다.) 총생산의 가치는 자본가와 노동자에게 배분되거나 세금으로 납부되기 때문에 소득 측면에서 국민총생산의 가치는 세금(직접세)을 뺀 총이윤, 세금(직접세)을 뺀 임금 및 급여, 그리고 세금(=직접세+간접세)의 합과 같다. 따라서 우리는 다음과 같은 국민총생산 대차대조표를 나타낼 수 있다.

총이윤	총투자
(−) 세금(직접세)	수출 초과
임금 및 급여	재화 및 서비스에 대한 정부지출
(−) 세금(직접세)	자본가 소비
세금(직접세 및 간접세)	노동자 소비
국민총생산	**국민총생산**

세금의 일부는 사회적 편익과 같은 이전지출에 사용되고 나머지는 재화 및 서비스에 대한 정부지출 자금으로 사용된다. 대차대조표의 양변에 (세금 − 이전지출)을 차감해 보자. 소득 측면에서 '세금'은 사라지고 임금 및 급여에 이전지출을 더할 것이다. 대변에서 재화 및 서비스에 대한 정부지출에서 세금을 빼고 이전지출을 더하면 예산 적자와 같아질 것이다. 따라서 대차대조표는 다음과 같게 될 것이다.

총이윤	총투자
(−) 세금(직접세)	수출 초과
임금, 급여 및 (세금을 뺀) 이전지출	예산 적자
	자본가 소비
	노동자 소비
국민총생산− 세금＋이전지출	**국민총생산− 세금＋이전지출**

이제 양변에 임금, 급여 및 (세금을 뺀) 이전지출을 차감하면 다음과 같은 일반적인 경우의 방정식을 얻는다.

　　세후총이윤(총이윤− 세금)
　　＝ 총투자＋수출 초과＋예산 적자− 노동자 저축＋자본가 소비

따라서 이 방정식은 투자 대신에 투자＋수출 초과＋예산 적자− 노동자 저축이 포함되었다는 점에서 단순모형의 방정식과 다르다. 그러나 만약 우리가 정부 예산 및 대외거래가 모두 균형을 이루고 노동자가 저축하지 않는다고 가정하면 이 방정식은 다음과 같이 단순모형의 방정식이 된다는 것은 명백하다.

　　세후총이윤 ＝ 총투자＋자본가 소비

비록 이러한 가정을 한다 하더라도 이 일반적인 경우가 처음에 살펴본 단순모형보다 더 현실에 가깝고 앞에서 한 모든 주장이 그대로 적용된다. 그러나 지금 우리가 다루고 있는 세후 이윤은 단순모형에서는 발생

하지 않는데 그 이유는 세금은 무시할 만하다고 가정했기 때문이라는 것을 기억해야 할 것이다.

저축 및 투자

위에서 살펴본 일반적인 경우의 방정식 양변에서 자본가 소비를 빼고 노동자 저축을 더하면 대차대조표는 다음과 같게 된다.

자본가 총저축	총투자
노동자 저축	수출 초과
	예산 적자
총저축합계	**총저축합계**

따라서 자본가 총저축과 노동자 저축의 합인 총저축합계는 민간투자, 수출 초과 및 예산 적자의 합과 같다.

만약 대외거래 및 정부 예산이 균형이라고 가정하면 다음의 방정식이 된다.

총저축 = 총투자

또한 노동자들이 저축하지 않는다고 가정하면 다음의 방정식이 된다.

자본가 총저축 = 총투자

위 방정식은 다음 방정식과 같은데 그 이유는 아래 방정식 양변에서 자본가 소비를 빼면 위 방정식을 얻을 수 있기 때문이다.

총이윤 = 총투자 + 자본가의 소비

일반적인 경우 저축이 민간투자, 수출 초과 및 예산 적자의 합과 같다 - 또는 특수한 경우 저축은 투자와 같다 - 는 것은 모든 경우에 성립한다는 것을 강조하고자 하다. 특히 투자는 경제이론에서 새로운 자본의 수요 및 공급의 균형을 이루게 하는 요인으로 통상적으로 간주하는 이자율 수준과 독립적이다. 현재의 개념에서 투자가 일단 이루어지면 투자는 자동으로 투자에 필요한 저축을 제공해 준다. 사실 단순모형에서는 특정 기간의 이윤은 그 기간의 자본가 소비와 투자의 직접적인 결과이다. 만약 투자가 일정량 증가하면 이윤에서 발생하는 저축도 그만큼 높아진다.

좀 더 구체적으로 살펴보자. 만약 몇몇 자본가가 이러한 목적으로 유동준비금을 이용하여 투자를 증가시키면 다른 자본가의 이윤이 그만큼 증가하여 투자된 유동준비금은 다른 자본가의 소유가 된다. 만약 은행신용으로 추가적인 투자가 이루어지면 투자로 인해 증대된 이윤이 은행예금으로 축적된다. 따라서 투자를 한 자본가는 투자액만큼 채권을 발행하여 은행신용을 상환하는 것이 가능하다는 것을 발견하게 될 것이다.

위 설명에서 하나의 중요한 결론은 투자는 '스스로 조달되기finances itself' 때문에 이자율은 새로운 자본의 수요와 공급으로 결정될 수 없다. 이자율 수준을 결정하는 요인에 대해서는 3부에서 논의하고 있다.

수출 초과 및 예산 적자의 영향

추후 논의에서 우리는 영(0)의 노동자 저축, 균형 정부 예산 및 균형 대외거래를 종종 가정할 것이다. 이러한 가정들은 세후 이윤은 총투자와 자본가 소비의 합과 같다는 주장의 근거가 된다. 그러나 이제 수출 초과 및 예산 적자가 이윤에 미치는 영향의 중요성에 대해 몇 마디 언급할 필요가 있다.

위에서 제시한 공식에 따르면 이윤은 투자+수출 초과+예산 적자-노동자 저축+자본가 소비와 같다. 따라서 다른 구성요소들이 변하지 않고 수출 초과가 증가하면 이윤도 같은 크기로 증가한다. 그 과정은 51쪽에서 설명한 것과 같다. 수출 부문 생산에서 증액된 가치는 그 부문의 이윤 및 임금의 증대로 설명될 수 있을 것이다. 그러나 임금은 소비재에 지출될 것이다. 따라서 노동자를 위한 소비재 생산은 이 생산을 통해 발생하는 이윤이 수출 부문에서 추가된 임금액만큼 증가하는 점까지 확대될 것이다.[3]

따라서 수출 초과는 자본가 투자 및 소비로 결정되는 수준 이상으로 이윤을 증가시킨다. 이 때문에 해외시장 경쟁이 발생할 수 있다. 다른 나라로부터 해외시장을 빼앗으려고 하는 국가의 자본가들은 다른 나라 자본가를 희생시켜서 그들의 이윤을 증대시킬 수 있다. 유사하게 식민지의 본국 cononial metrolpois은 식민지에서의 투자를 통해 수출 초과를 누릴

---

[3] 노동자를 위한 소비재 생산이 최대 수준에 있으면 이러한 재화의 가격은 이 생산을 통해 발생하는 이윤이 수출 부문에서 추가된 임금액만큼 증가하는 점까지 상승할 것이다.

수 있다.[4]

  예산 적자도 수출 초과와 유사한 영향을 준다. 예산 적자 역시 민간 투자 및 자본가 소비로 결정되는 수준 이상으로 이윤을 증가시킨다. 어떤 점에서 예산 적자는 인위적인 수출 초과로 간주할 수 있다. 수출 초과의 경우 그 국가는 수입으로 지급하는 것보다는 수출로 더 많은 수입을 얻는다. 예산 적자의 경우 민간 경제부문은 세금으로 내는 것보다 정부 지출로부터 더 많은 수입을 얻는다. 수출 초과로 인해 수출 초과국에 대한 외국의 부채는 증가한다. 예산 적자로 인해 민간부문에 대한 정부의 부채는 증가한다. 지급보다 수입이 더 많은 이러한 수출 초과나 예산 적자는 같은 방법으로 이윤을 창출한다.

  위에서 살펴본 내용은 자본주의 국가에서 '외부' 시장(예산 적자로 창출된 시장을 포함해서)의 중요성을 분명하게 보여준다. 그러한 시장이 없다면 자본가의 소비 능력이나 자본 투자를 감당할 수 있는 능력에 의해 이윤은 좌우된다. 자본가가 재화나 서비스의 구매를 통해서 이윤을 창출할 수 있게 하는 것은 수출 초과와 예산 적자이다. '외부' 시장을 통해 발생하는 '외부' 이윤과 제국주의 간의 관계는 분명하다. 재화의 수출과 관련지어 자본 수출의 새로운 기회를 제공해 주는 해외시장 쟁탈과 식민제국의 확장은 '외부' 이윤의 고전적인 원천인 수출 초과의 욕구

---

[4] 어느 특정 국가의 해외 대출을 그 국가의 재화 수출과 연관시킬 필요는 없다. 만약 A국이 B국에 대출을 해 주면 B국은 차입금을 C국에 지출하고 이에 따라 같은 크기만큼 금보유량 및 유동외화자산이 증가한다. 이 경우 A국의 해외 대출은 C국의 금보유량 또는 유동외화자산을 수반하는 수출 초과를 유발할 것이다. 식민지의 경우 이러한 상황이 발생하기 어렵다. 즉, 투자액은 통상적으로 식민지의 본국에서 지출될 것이다.

로 간주할 수 있다. 보통 예산 적자를 통한 군비 확대와 전쟁은 이러한 종류의 이윤 원천이다.

04 이윤과 투자

단순 가정 하에서의 이윤과 투자

앞에서(47쪽) 자본가 투자와 소비는 과거의 의사결정 행태에 의해 정해진다는 것을 살펴보았다. 다소 복잡한 투자의 결정요인에 대해서는 9장에서 살펴볼 것이다. 여기서는 자본가 소비의 결정요인을 다룰 것이다.

t기의 '실질' 자본가 소비인 C_t에 대해 첫 번째 근사치로써 그럴듯한 가정을 할 것이다. 그 가정은 다음의 (5)식과 같이 C_t는 안정적인 부분인 A와 몇 기 전 세후 실질 이윤인 $P_{t-\lambda}$에 비례하는 부분으로 구성된다는 것이다.

$$C_t = qP_{t-\lambda} + A \tag{5}$$

단, λ는 자본가의 현재 소득 변화에 대한 자본가 소비 반응의 지연시간(시차)을 나타낸다. q는 1보다 작은 양수인데 그 이유는 자본가는 소득 증가분의 일부만을 소비하는 경향이 있기 때문이다. 사실 $qP_{t-\lambda}$ 부분은 상당히 작으므로 q 역시 1보다 상당히 작을 가능성이 있다. 끝으로, A는 장기적으로는 변하지만, 단기적으로는 일정한 상수이다. 당분간 대외거래 및 정부 예산은 균형을 이루고 노동자는 저축하지 않는다고 가정할 것이다. 이 경우 세후 이윤인 P는 투자 I와 자본가 소비 C의 합과 같다.

$$P = I + C \tag{6}$$

(5)식의 C를 (6)식에 대입하면 (7)식을 얻게 된다.

$$P_t = I_t + qP_{t-\lambda} + A \tag{7}$$

t기의 '실질' 이윤은 t기의 투자와 $t-\lambda$기의 이윤에 의해 결정된다. $t-\lambda$기의 이윤은 다시 $t-\lambda$기의 투자와 $t-2\lambda$기의 이윤에 의해 결정되고 이러한 과정이 반복된다. 따라서 t기의 이윤은 t기, $t-\lambda$기, $t-2\lambda$기,... 등 투자의 선형함수이고, 이와 관련된 $I_t, I_{t-\lambda}, I_{t-2\lambda}$의 계수는 각각 1, q, q^2 등이다. 앞에서 설명한 바와 같이 q는 1보다 작을 뿐만 아니라 상당히 작을 가능성이 있다. 따라서 1, q, q^2,...는 빠른 속도로 감소하고 그 결과 $I_t, I_{t-\lambda}, I_{t-2\lambda}$,... 중에서 상대적으로 t기에 가까울수록 t기의 이윤인 P_t의 결정에 관여할 것이다. 따라서 이윤은 현재 투자 및 가까운 과거 투자의 함수가 될 것이다. 또는 대개 이윤은 시차를 가진 투자에 따른다. 따라서 우리는 다음과 같은 근사 방정식을 나타낼 수 있다.

$$P_t = f(I_{t-\omega}) \tag{8}$$

단, ω는 관련 시차를 나타낸다.

함수 f의 모양은 다음과 같이 결정될 수 있다. 잠시 (7)식으로 돌아가서 P 대신에 (8)식으로부터의 P값을 대입하면 다음과 같다.

$$f(I_{t-w}) = I_t + qf(I_{t-w-\lambda}) + A$$

이 식은 투자 I_t의 시기와 관계없이 성립해야만 한다. 따라서 투자가 어느 기간 동안 안정적인 경우에도 성립하므로 $I_t = I_{t-w} = I_{t-w-\omega}$이 된다. 따라서 다음이 성립한다.

$$f(I_t) = I_t + qf(I_t) + A$$

또는

$$f(I_t) = \frac{I_t + A}{1-q}$$

이 식은 I_t의 모든 수준에서 성립하므로 함수 f의 모양을 알 수 있다. (8)식을 다음과 같이 나타낼 쓸 수 있다.

$$P_t = \frac{I_{t-w} + A}{1-q} \tag{8'}$$

(8')식의 중요성은 자본가 소비의 종속성을 (5)식에 주어진 과거 이윤의 함수로 고려함으로써 이윤 결정요인의 수를 두 개에서 한 개로 감소시킨다는 것이다. (8')식에 따르면 이윤은 투자의 시차변수에 의해 완전히 결정된다. 더구나 투자는 상당히 먼 과거의 투자결정에 의존한다. 따라서 이윤은 과거 투자에 의해 결정된다.

(8')식은 해석에 다소 어려움이 있다. 대외거래 및 정부 예산이 균형이고 노동자들이 저축하지 않는다는 가정에 따라 투자는 자본가 저축과

같다(52쪽 참조). 따라서 (8')식으로부터 자본가 저축이 이윤을 '선도'한다. 이 결과는 역설적인 것 같이 보인다. '상식적으로' 그 반대가 성립한다. 즉, 저축은 이윤에 의해 결정된다. 그러나 그렇지가 않다. 특정한 기간의 자본가 소비는 과거 이윤에 근거한 자본가 결정의 결과이다. 이윤은 보통 변하기 때문에 실제 저축은 의도된 소득 처분에 반응하지 않는다. 사실 투자와 동일한 실제 저축은 (8')식에서 나타내고 있는 것처럼 이윤을 '선도'할 것이다. 어떻게 그렇게 되는지 다음의 예로 살펴보자. 투자, 저축 및 이윤이 한동안 일정하다고 가정해 보자. 투자에 갑작스러운 변화가 있다고 가정해 보자. 저축은 투자와 함께 즉시 상승할 것이고 이윤은 동일한 양만큼 상승할 것이다. 그러나 이윤의 1차적인 상승의 결과 자본가 소비는 어느 정도 시간이 지난 후에 상승할 것이다. 따라서 이윤은 투자와 저축의 상승이 멈춘 후에도 증가할 것이다.

일반적인 경우

대외거래 및 정부 예산이 균형이고 노동자들이 저축하지 않는다는 가정을 하지 않으면 (8')식이 어떻게 바뀔까? 만약 민간 투자, 수출 초과 및 예산 적자의 합을 I', 노동자 저축은 s, 그리고 자본가 소비를 전과 같이 C라고 하면 이윤식은 다음과 같게 된다(51쪽 참조).

$$P = I' - s + C$$

이와 같은 일반적인 경우 (8')식은 다음과 같이 수정될 것이다.

$$P_t = \frac{I'_{t-w} - s_{t-w} + A}{1-q} \tag{8''}$$

사실 (8')식은 자본가 소비와 이윤의 관계((5) 식)와 투자 I는 이윤과 자본가 소비의 차이와 같다는 가정으로부터 도출되었다. 따라서 이 차이가 $I' - s$일 때 (8')식의 I를 $I' - s$로 대체해야 한다.

(8")식은 근사식이기는 하지만 간단한 식으로 대체될 수 있다. 총저축의 합은 투자, 수출 초과 및 예산 적자의 합인 I'과 같다는 것을 기억하라(52쪽 참조). 게다가 일반적으로 노동자 저축 s가 0이 아니지만, 노동자 저축의 수준과 절댓값 변화는 총저축의 합과 비교하면 작다. 더구나 s는 경기순환과정에서 총저축의 합과 현저한 상관관계를 보여주어야 한다. (이는 다음 장에서 이윤과 국민소득의 관계를 살펴보기 위해 고려한 사항들로부터 도출된다.) 따라서 $I' - s$는 I'과 밀접한 상관관계를 가지고 있음이 틀림없다.

$$P_t = \frac{I'_{t-w} + A'}{1-q'} \tag{8'''}$$

단, 모수가 q에서 q'으로 그리고 A에서 A'으로 변한 것은 $I'_{t-w} - s_{t-w}$을 선형함수 I'_{t-w}로 대체한 것을 반영한 것이다. q는 이윤 증가분 중 어떤 부분이 소비에 충당되었는지를 나타내는 계수이고, 상수 A는 장기적으로는 변하지만, 단기에는 일정한 자본가 소비의 일부를 나타낸다는 것을 기억해야 한다. 그 외 q'과 A'은 노동자 저축과 전체저축($=I'$)의 관계를 반영한다.

(8''')식은 통계적 예시statistical illustration가 가능하다는 점에서 (8")식보다

우월하다. (8")식을 이용한 통계적 예시는 사실상 불가능한데 그 이유는 노동자 저축인 s에 대한 통계 자료가 없기 때문이다.

통계적 예시

우리는 (8''')식을 1929~1940년의 미국 자료에 적용할 것이다. 세후 총이윤의 '실질' 가치인 P와[1] I'이 표 13에 나타나 있다. I'의 의미는 기본 개념과 비교하여 약간 수정되었다. 총투자, 수출 초과 및 예산 적자 외에 중개수수료가 추가되었다. 미국 통계의 경우 중개수수료는 소비에 포함되어 있다. 그러나 이것은 소득과 깊은 관계가 없는 전형적인 자본지출이므로 투자와 동등하게 간주하는 것이 적절하다. 두 계열의 디플레이터로 민간부문 국민총생산의 디플레이션에 내재된 가격지수를 이용한다.[2]

P와 I'의 상관관계를 살펴보기 전에 시차 w를 결정하는 것이 필요하다. 일부 추세는 P와 I'의 관계와 관련되어 있다는 사실 때문에 시차의 결정은 복잡해진다. 이 어려움을 우회하기 위하여 P와 I'의 1차 차분, 즉 ΔP와 $\Delta I'$를 고려함으로써 추세는 거의 제거되었다. 두 차분을 관련지어 본 결과 시차가 3개월일 때 최적 적합도를 얻었다.

---

[1] P는 총이윤에서 모든 직접세를 차감하여 계산한다. 임금 및 급여에 대한 직접세는 동 기간 중 아주 작았다.
[2] P와 I'의 계산에 대한 자세한 내용은 통계 부록 주 7 및 주 8을 참조하라.

[표 13] 미국 이윤 결정(1929~1940)

연도	세후 총이윤 P_t	총민간투자+수출 초과+ 예산 적자+중개수수료 I_t'	$I'_{t-\frac{1}{4}}$	세후 총이윤 (계산값)
		(십억 달러, 1939년 기준)		
1929	33.7	14.2	13.7	33.2
1930	28.5	10.2	11.2	29.6
1931	24.5	5.5	6.7	23.3
1932	18.3	3.2	3.8	19.2
1933	17.6	3.4	3.3	18.2
1934	20.4	6.0	5.3	20.6
1935	24.4	8.4	7.8	23.7
1936	26.8	11.6	10.8	27.5
1937	27.9	10.8	10.6	26.9
1938	26.2	9.0	9.5	25.2
1939	28.1	12.9	11.9	28.2
1940	31.0	15.9	15.1	32.2

출처: *Department of Commerce*, National Income Supplement to Survey of Current Business, 1951.

이에 비추어 볼 때 P는 $I'_{t-\frac{1}{4}}$ 즉, I'이 내삽법interpolation에 의해 3개월 전으로 이동된 값과 상관관계가 있다. 따라서 해당 연도의 I'에 3/4을 곱하고 직전 연도의 I'에 1/4을 곱하여 $I'_{t-\frac{1}{4}}$를 구하였다. 추세를 고려하여 P, $I'_{t-\frac{1}{4}}$ 및 시간 변수 t(1929~1940년 중 중간 연도인 1935년을 포함함) 간의 이중상관계수를 살펴보았다. 회귀식은 다음과 같다.

$$P_t = 1.34 I'_{t-\frac{1}{4}} + 13.4 - 0.13t$$

실제 이윤과 비교할 수 있도록 이 회귀식으로부터 계산된 이윤의 값이 표 13에 주어져 있다. 상관관계는 매우 밀접하고 이중상관계수는 0.986이다.

만약 임금 및 급여로부터 저축하지 않았다면 $I'_{t-\frac{1}{4}}$의 계수는 (8")식의 $\frac{1}{1-q}$와 같게 될 것이다. 이 경우 이윤 증가분 중 어떤 부분이 소비에 충당되었는지를 나타내는 계수인 q를 구할 수 있다.

$$\frac{1}{1-q} = 1.34; \quad q = 0.25$$

이는 추가이윤의 25%가 소비에 충당되고 75%는 저축에 충당된다는 것을 의미한다. 저축의 일부가 노동 소득으로부터 충당되기 때문에 실제로 q는 커질 것이다. 그러나 q는 30%를 크게 초과할 것 같지는 않다.

시간 추세의 계수는 음수(-)인데 이는 대공항의 결과 1930년대의 이윤이 1920년대의 이윤보다 훨씬 낮았다는 사실과 이윤의 장기 하락이 1929~1940년 중 상수 A의 하락을 가져왔다는 사실로 주로 설명될 수 있을 것이다. 다시 말해서 이윤이 장기적으로 부진한 결과 자본가의 생활수준이 낮아지고 있었다.

05 국민소득과 소비의 결정

서론

2장에서 국민소득 대비 임금 및 급여의 상대적 비중을 살펴보았고 3장 및 4장에서는 이윤과 투자, 수출 초과 및 예산 적자의 합인 I'의 관계를 정립하였다. 이 두 연구 결과를 결합하면 국민소득과 I'의 관계를 정립할 수 있을 것이다. 따라서 대외거래 및 정부 예산이 균형을 이루는 특별한 경우에 국민소득은 투자와 관계될 것이다.

2장에서(41쪽 참조) 정립된 민간부문 국민소득 대비 임금 및 급여의 상대적 비중을 나타내는 공식은 다음과 같다.

$$\frac{V}{Y} = \alpha + \frac{B}{Y} \tag{4}$$

단, V는 '실질' 임금 및 급여이고, Y는 '실질' 민간부문 총소득이다. 계수 α는 1보다 작은 양수이며 장기 변화에 영향을 받는 상수 B 역시 양수이다. Y와 V의 차이가 세금 π를 내기 전 총이윤이다. (4장에서 P는 세후 총이윤을 나타내었다.) 따라서 다음의 식을 얻을 수 있다.

$$\frac{Y-\pi}{Y} = \alpha + \frac{B}{Y}$$

또는

$$Y = \frac{\pi + B}{1 - \alpha} \tag{9}$$

앞으로 논의될 내용에 대한 이해를 돕기 위하여 국민총생산과 민간부문 총소득 Y의 차이에 대해 몇 마디 추가해야 한다. 국민총생산gross national product과 민간총생산gross private product의 차이는 공무원에게 지급되는 것으로 측정된 정부 생산으로 설명할 수 있다. 민간총생산의 가치와 민간부문 총소득 Y의 차이는 민간 생산의 가치에 포함된 간접세로 설명할 수 있다.[1] 따라서 국민총생산과 민간부문 총소득의 차이는 공무원에 대한 지급과 간접세로 구성된다.

단순모형에서 국민생산, 이윤 및 투자

우리는 먼저 3장을 시작하면서 고려하였던 단순모형과 관련하여 국민생산 또는 소득의 결정 문제를 논의할 것이다. 3장에서 우리는 폐쇄경제 및 무시할 만한 크기의 정부 수입 및 지출을 가정하였다. 그 결과 국민총생산은 민간 투자 및 소비의 합과 같다. 우리는 노동자 저축 역시 제거하였다. 그 모형에서는 (8')식에 나타나 있는 것처럼 세후 이윤 P를 투자 I와 관련지어 설명하는 것이 효과적이다.

---

[1] 여기서 민간부문 총소득 Y는 직접세를 내기 전이므로 Y는 직접세를 포함한다.

$$P_t = \frac{I_{t-w} + A}{1 - q} \tag{8'}$$

단, 1>q>0, A>0이다. 조세 수입은 무시할 만하므로 세전 이윤과 세후 이윤은 같다고 할 수 있다. 공무원에 대한 지급과 간접세는 무시할 만하므로 국민총생산과 민간부문의 민간총소득 Y는 같다고 할 수 있다. 따라서 우리는 국민총생산의 결정에 관한 다음의 식을 얻게 된다.

$$Y_t = \frac{P_t + B}{1 - \alpha} \tag{9'}$$

$$P_t = \frac{I_{t-w} + A}{1 - q} \tag{8'}$$

총소득 또는 총생산 Y_t가 투자 I_{t-w}에 의해 전적으로 결정된다는 것은 명백하다.

(9')식이 국민소득의 분배를 결정하는 요인들을 반영하고 있기 때문에 '분배요인'에 의해 결정된 국민소득 Y_t는 소득 중 이윤이 투자 I_{t-w} 수준과 대응되는 점까지 증대된다고 말할 수 있다. 따라서 '분배요인'의 역할은 투자로 결정되는 이윤에 근거하여 소득과 생산을 결정하는 것이다. 소득 결정의 이러한 원리에 대해서는 3장에서(48쪽 참조) 설명한 바 있다.

따라서 소득분배의 변화는 이윤 변화와 같은 방식으로 발생하는 것이 아니라 총소득 또는 총생산 Y_t의 변화를 통해 발생한다. 예를 들어 독점도가 증가한 결과 총소득 대비 이윤의 상대적 비중이 증가한다고 가정해 보라. 이윤은 과거 투자결정에 의존하는 투자로 계속 결정되기 때문에 변하지 않지만 실질 임금 및 급여와 총소득 또는 생산은 증가할 것이다. 이윤의 높은 상대적 비중이 이윤의 동일한 절대 수준을 가져오는 점까지 소득 또는 생산의 수준이 하락할 것이다. 우리 식에서 이것은 다음과 같이 반영될 것이다. 독점도의 상승은 계수 α를 하락시킬 것이다.[2] 그 결과 총소득 또는 총생산 Y_t의 낮은 수준은 투자 I_{t-w}의 주어진 수준과 대응하게 될 것이다.

단순모형에서 투자 및 소비의 변화

(8')식 및 (9')식에 나타나 있는 것처럼 이윤과 투자, 총소득과 이윤의 관계가 주어지면 투자의 변화는 분명한 소득 변화를 유발한다. 투자가 ΔI_{t-w}만큼 증가하면 일정 시간이 지난 후 이윤은 다음의 크기만큼 증가한다.

$$\Delta P_t = \frac{\Delta I_{t-w}}{1-q}$$

게다가 이윤이 ΔP_t만큼 증가하면 국민소득 또는 생산은 다음의 크기만큼 증가한다.

$$\Delta Y_t = \frac{\Delta P_t}{1-\alpha}$$

---

[2] (4)식에 따르면 α는 Y의 수준과 독립적인 소득 Y 대비 임금 및 급여의 상대적 비중 부분이다. 나머지 부분 $\frac{B}{Y}$는 급여에서 간접비 요소의 영향을 나타낸다.

또는

$$\Delta Y_t = \frac{\Delta I_{t-w}}{(1-\alpha)(1-q)}$$

q는 이윤 증가분 ΔP에서 소비에 충당되는 부분을 나타내는 계수이고, α는 총소득 증가분 ΔY에서 임금 및 급여로 지급되는 부분을 나타내는 계수임을 기억하자. $1-q$ 및 $1-\alpha$는 1보다 작으므로 $\Delta Y_t > \Delta I_{t-w}$이다. 다시 말해서 투자 증가가 자본가 소비에 미치는 영향($\frac{1}{1-q}$ 요인)과 노동자 소득에 미치는 영향($\frac{1}{1-\alpha}$ 요인)으로 인해 총소득 또는 생산은 투자보다 더 많이 증가한다. 여기서 노동자 소비는 그들의 소득과 같다고 가정하고 있는데 이 가정은 투자 증가가 자본가와 노동자의 소비에 미치는 영향으로 인해 소득이 투자보다 더 많이 증가한다는 것을 의미한다.[3] 불황기에 투자 하락은 역시 소비 감소를 가져오기 때문에 이 경우 고용의 감소는 투자 활동의 단축으로 인해 직접 발생하는 고용의 감소보다 더 크다.

자본주의 경제 내 이러한 과정의 본질에 초점을 맞추기 위하여 사회주의 경제에서 투자 감소의 영향이 어떻게 되는지 고려해 보는 것이 유용하다. 투자재 생산 산업에서 해고된 노동자는 소비재 생산 산업에 고

---

[3] 가격-비용의 관계를 반영하고 있는 (9')식은 1부에서 가정한 탄력적 공급곡선의 조건에 근거하고 있다는 것에 유의해야 한다. 만약 소비재 공급곡선이 비탄력적이면 투자 증가는 소비량의 증가를 가져오지 않고 단지 소비재의 가격 상승을 가져올 뿐이다(49쪽 주석 참조). 이후의 논의에서도 1부와 같이 탄력적 공급의 조건을 계속 가정하고 있다.

용될 수 있을 것이다. 소비재 공급의 증가는 소비재 가격 하락으로 흡수될 것이다. 사회주의 경제에서 이윤은 투자와 같으므로 이윤의 하락이 투자 가치의 하락과 같아지는 점까지 가격은 하락해야 한다. 다시 말하면 완전 고용은 비용과 관련된 가격 하락을 통해 유지된다. 그러나 자본주의 체제에서는 (9')식에 반영되어 있듯이 가격-비용의 관계는 생산 및 고용의 하락을 통해 유지되고 이윤은 투자에 자본가 소비를 합한 것과 같은 양만큼 하락한다. 자본주의 옹호자들은 '가격 기구price mechanism'를 자본주의 체제의 큰 장점으로 보통 간주하는 반면에 가격 탄력성은 사회주의 경제의 독특한 특징임이 입증된다는 것은 참으로 역설적이다.[4]

지금까지 우리는 투자 I, 이윤 P의 절대적인 변화와 총소득 또는 생산 Y의 관계를 고려해 왔다. 그들의 비례적인 변화를 비교하는 것 역시 흥미롭다. 이를 살펴보기 위해 (8')식과 (9')식으로 돌아가 보자. 자본가 소비의 안정적인 부분인 상수 A와 급여의 안정적인 부분인 상수 B는 모두 양수임을 기억하자. 이윤 P는 경기순환과정에서 투자와 비례적으로 변하지만, 변화의 크기는 작고, 총소득 Y 역시 경기순환과정에서 이윤과 비례적으로 변하지만, 변화의 크기는 작다. 결론적으로 총소득 Y의 상대적 변화는 투자 I의 상대적 변화보다 작다.

우리 모형에서 총소득 또는 생산 Y는 투자와 저축의 합과 같으므로 소비의 상대적 변화는 총소득의 상대적 변화보다 작다. 왜냐하면, 만약 한 요소(투자)가 두 요소의 합(총소득 또는 생산)과 비례적으로 변하지

---

[4] 발전 중인 사회주의 경제에서 가격-비용 비율의 하락은 투자에서 소비로 절대적인 이동보다는 상대적인 이동을 반영하고 있다는 것에 유의해야 한다.

만, 변화의 크기가 더 크다면 다른 요소(소비)는 두 요소의 합과 비례적으로 변하지만, 변화의 크기는 더 작아야 하기 때문이다. 투자는 소비와 비례적으로 변하지만, 변화의 크기는 더 크다. 다시 말해서 투자는 불황기에는 소비와 비교하면 더 하락하고 호황기에는 더 상승한다.

일반적인 경우

이제 정부지출과 수입이 무시할 만하다는 가정을 하지 않는다. 당분간 대외거래 및 정부 예산은 균형이고 노동자는 저축하지 않는다고 계속 가정하자. 따라서 (8')식이 계속 성립되지만, 세전 이윤 π는 더 이상 세후 이윤 P와 같지 않다.

$$P_t = \frac{I_{t-w} + A}{1 - q} \tag{8'}$$

조세 제도는 주어져 있고 '실질' 세전 이윤 π와 '실질' 세후 이윤 P의 관계는 근사적으로 선형함수로 나타낼 수 있다. 그러면 우리는 다음의 식을 (9')식에 대체할 수 있다.

$$Y_t = \frac{P_t + B'}{1 - \alpha'} \tag{9''}$$

단, 상수 α'과 B'은 국민소득분배의 기초가 되는 요인에 의존할 뿐만 아니라 이윤에 대한 조세 제도에도 영향을 받는다. 위의 두 식을 통해 민간부문의 총소득 Y는 투자 I의 시차변수에 의해 결정된다는 것은 분명하다. 투자의 증가분 ΔI_{t-w}에 대응하는 총소득의 증가분은 다음과 같다.

$$\Delta Y_t = \frac{I_{t-w}}{(1-\alpha')(1-q)}$$

여기서 ΔY는 ΔI보다 크다. 그러나 이것은 투자의 상승에 따른 자본가와 노동자의 소비 증가뿐만 아니라 증대된 소득으로 인해 그들이 내는 직접세의 증대량으로 설명된다.

이제 대외거래 및 정부 예산이 반드시 균형은 아니며 노동자의 저축도 반드시 0이 아닌 일반적인 경우 우리는 다음의 식을 얻는다(61쪽 참조).

$$P_t = \frac{I'_{t-w} + A'}{1-q'} \tag{8'''}$$

단, I'은 투자, 수출 초과 및 예산 적자의 합이고, q' 및 A'은 노동자 저축을 반영한다는 점에서 (8')식의 q 및 A와 다르다. (9")식의 모양은 변하지 않는다.

$$Y_t = \frac{P_t + B'}{1-\alpha'} \tag{9''}$$

이 두 방정식은 I'_{t-w}로 표현된 Y_t를 결정한다. I'_{t-w}의 증가분에 대응하는 Y_t의 증가분은 다음과 같다.

$$\Delta Y_t = \frac{\Delta I'_{t-w}}{(1-\alpha')(1-q')}$$

소비의 결정은 소비가 Y와 I의 차이인 단순모형의 경우보다 훨씬 더 복잡하다. 일반적인 경우 소비는 세후 총소득과 저축의 차이이다. 이제 저축은 투자, 수출 초과 및 예산 적자의 합인 I'과 같다. 여기서 세후 총소득은 Y와 같지 않다. 사실 Y는 공무원 소득 또는 정부이전지출을 포함하지 않은 민간부문의 총소득이므로 직접세를 내기 전 소득이다. 세후 총소득은 (Y + 공무원 소득 + 정부이전지출 − 모든 직접세)와 같다. 따라서 소비는 ($Y - I'$ − 직접세 + 공무원 소득 + 이전지출)과 같다. 소비는 $Y - I'$의 결정만을 허용하는 위의 식에 의해 I'로 완전히 결정될 수 없다는 것은 명백하다.

통계적 예시

우리는 이제 1929~1941년 중 미국의 Y와 I'의 관계에 관한 계수를 추정한다. 42쪽에서 동 기간 중 다음과 같은 민간부문 소득 Y 대비 임금 및 급여 V의 상대적 비중의 방정식을 만들었다.

$$\frac{V}{Y} \cdot 100 = 42.5 + \frac{707}{Y} + 0.11t$$

단, t는 1935년부터 시작되는 시간을 나타낸다.
세전 이윤 $\pi = Y - V$를 고려하면 다음의 식을 얻게 된다.

$$\frac{Y-\pi}{Y} = 0.425 + \frac{7.07}{Y} + 0.0011t$$

[표 14] 미국 민간부문의 총소득 및 이윤(1929~1941)

연도	민간부문 총소득 Y	세전 이윤 π	민간부문 총소득 (계산값)
	(십억 달러, 1939년 기준)		
1929	74.1	37.0	75.5
1930	65.9	31.4	66.2
1931	59.3	26.7	58.2
1932	48.0	20.2	47.0
1933	46.9	19.8	46.2
1934	51.9	22.8	51.6
1935	57.7	27.3	60.0
1936	65.5	30.5	65.2
1937	69.0	32.2	67.9
1938	64.3	30.1	65.7
1939	68.8	32.0	69.0
1940	75.9	36.3	76.1
1941	89.6	43.6	89.0

출처: *Department of Commerce, National Income Supplement to Survey of Current Business*, 1951. 자세한 내용은 통계 부록 주 6 및 주 7을 보라.

이 식으로부터 π에 근거하여 Y가 계산될 수 있다. 표 14는 Y의 '실질' 가치의 실제치, π^5, 그리고 Y의 계산 값을 나타내고 있다. 실제치 Y와

---

[5] 디플레이터로 미국 상무성의 민간부문 총생산의 디플레이션에 내재된 지수가 다시 사용되었다.

계산 값 Y의 상관계수는 0.995이다.

만약 우리가 위 식에서 추세요인을 제거하면 (9)식과 대응하는 다음의 식을 얻게 된다.

$$Y = 1.74\pi + 12.2$$

Y와 세후 이윤 P의 관계를 얻고자 한다면 우리는 아직도 이윤에 대한 세금을 고려해야 한다. 이를 위해 세전 '실질' 이윤과 세후 '실질' 이윤(세후 이윤 P는 표 13에 주어져 있음)을 관련지어 동 기간에 행해지고 있는 조세 제도를 특징짓는 회귀식을 얻었다.[6] π와 P의 관계는 Y를 세후 이윤 P로 나타낼 수 있게 해 준다. 따라서 (9′)식과 대응하는 다음의 식을 얻게 된다.

$$Y_t = 2.03 P_t + 10.4$$

동 기간 중 P와 I'의 관계가 위에서 정립되었다(64쪽). 추세요인을 무시하면 (8″)식과 대응하는 다음의 식을 얻게 된다.

$$P_t = 1.34 I'_{t-\frac{1}{4}} + 13.4$$

이 두 식으로부터 다음의 식을 얻는다.

---

[6] 여기서 우리는 1929~1941년보다 1929~1940년을 고려한다. 회귀식은 $P = 0.86\pi + 0.9$이다. 상관관계는 꽤 밀접한데 그것은 직접세 제도가 동 기간 중 상당히 안정적이라는 사실로부터 나온 결과이다. 그러나 1941년 세금이 상당히 증가하였다. (자세한 내용은 통계 부록 주 9를 참조하라.)

$$Y_t = 2.72 I'_{t-\frac{1}{4}} + 37.7$$

$I'_{t-\frac{1}{4}}$의 증가분에 시차를 두고 대응하는 Y_t의 증가분은 다음과 같다.

$$\Delta Y_t = 2.72 \Delta I'_{t-\frac{1}{4}}$$

따라서 Y의 절댓값 변화는 I'의 절댓값 변화보다 상당히 크다. 동시에 이전의 방정식에 따라 Y의 비율 변화는 I'의 비율 변화보다 더 작다.

민간부문 총생산

66쪽에서 설명한 바와 같이 민간부문 총소득 Y는 민간부문 총생산과 같지 않다. 민간부문 총소득이 총생산과 같기 위해서는 물품세와 관세 또는 고용주의 사회보험에 대한 부담금 등 모든 종류의 간접세를 추가할 필요가 있다. '실질' 총생산 또는 민간부문 생산을 O, 총간접세의 '실질' 가치를 E라고 하면 다음이 성립한다.[7]

$$O = Y + E$$

위에서 보여준 바와 같이 만약 대외거래 및 예산이 균형을 이루면 Y는 시차를 두고 투자, 수출 초과 및 예산 적자의 합인 I' 또는 투자 I에

---

[7] 우리는 Y와 E도 O와 동일한 가격지수, 즉 시장가격지수에 의해 디플레이트된다고 가정한다.

의해 결정된다. 민간부문 총생산을 결정하기 위해서는 E에 대해 가정을 하는 것이 필요하다. 경기순환과정에서 E의 상대적 변동은 총소득 Y의 상대적 변동보다 보통 작다. 그 이유는 (a) 간접세는 필수재, 반#필수재에 부과되는데 그것들의 소비는 Y보다 훨씬 작게 변동하는 소비에 흔히 부과되고, (b) 세율은 종종 명목가치로 정해져 있고 종가세(ad valorem tax)가 아니어서 가격이 하락하면 그러한 세율에 따른 세금의 실질 가치는 증가하기 때문이다. 단순화하기 위해 지금부터 논의되는 경기순환이론에서 E는 상수라고 가정한다.

투자, 수출 초과 및 예산 적자의 합인 I'이 민간부문 생산 O를 결정한다는 것을 살펴보기 위해 다음 식들을 고려하자.

$$O_t = Y_t + E \tag{10}$$

$$Y_t = \frac{P_t + B'}{1 - \alpha'} \tag{9''}$$

$$P_t = \frac{I'_{t-w} + A'}{1 - q'} \tag{8'''}$$

따라서 I'_{t-w}의 증가분이 O_t의 증가분을 결정한다.

$$\Delta O_t = \frac{\Delta I'_{t-w}}{(1-\alpha')(1-q')}$$

E가 상수라는 가정으로 인해 O는 Y보다 작은 비례적 변화를 보일 것이다. 경기순환과정에서 Y의 상대적 변화가 I'의 상대적 변화보다 작으므로 O의 상대적 변화가 I'의 상대적 변화보다 더 작다. 따라서 대외거래와 예산이 균형을 이루어 $I' = I$이라면 민간부문 총생산 O는 투자 I보

다 작은 변동을 보인다고 할 수 있다.

투자 및 소득의 장기 변화

경기순환의 과정에서 투자 I(또는 저축과 동일한 크기로서 투자, 수출 초과 및 예산 적자의 합인 I')의 상대적 변화는 총소득 또는 민간부문 생산의 상대적 변화보다 크다는 것을 앞에서 살펴본 바 있다. 그러나 장기적으로 반드시 그렇지는 않다. 경기순환과정에서 I'과 Y 또는 O의 변동의 차이는 주로 두 가지 요인에 의존한다. 첫째는 자본가의 소비는 이윤보다 작게 변동한다는 것이고, 둘째는 임금과 급여의 합은 총소득 Y보다 작게 변동한다는 사실이다. 그러나 경제의 장기성장 과정에서는 자본가 소비가 이윤보다 더 늦은 속도로 증가할 필요는 없다. 사실 자본가 소비의 안정적인 부분 A는(57쪽 참조) 장기에는 이윤에 비례하여 증가할 수 있다. 같은 방법으로 급여의 간접비 요소를 반영하는(41쪽 참조) 임금 및 급여의 안정적인 부분인 B 역시 장기에는 소득 Y에 비례하여 증가할 수 있다. 따라서 장기적으로 투자와 소득은 경기순환에서 보였던 것처럼 불균형적인 변화를 보이지 않을 것이다.

1870~1914년 중 미국 투자와 소득의 장기적인 변화는 대개 비례적인 것으로 보인다. 표 15는 쿠즈네츠의 자료로 동 기간 중 10년 단위의 '총국민소득' 대비 '총자본형성'의 비율을 보여주고 있다. 이 비율은 상당히 안정적이다.

[표 15] 미국의 '총국민소득' 대비 '총자본형성'의 비율(1869~1913)

기간	(%)
1869~1878	18.9
1874~1883	19.0
1879~1888	19.2
1884~1893	20.8
1889~1898	16.3
1894~1903	21.1
1899~1908	20.1
1904~1913	19.8

출처: S. Kuznets, National Product Since 1869, New York, 1946.

비록 I'과 Y에서 분모 및 분자가 개념상 다르지만[8] 동 기간 중 I'과 Y가 각각 '총자본형성' 및 '총국민소득'과 대개 비례적으로 움직였다는 것은 거의 확실하다. Y 대비 I' 비율의 안정성이 소득분배와 이윤 대비 소비의 비율에 보상 변화가 있을 수 있기 때문에 소득분배와 이윤 대비 소비의 비율이 변하지 않는다는 것을 반드시 의미하지는 않는다. 어느 경우든 위 사실이 소득 대비 저축 비율의 장기 안정성이 경제 법칙이라고 제시하는 것은 아니고 단지 그러한 관계의 가능성을 보여준다.

---

[8] I'='총자본형성'－공공투자＋예산 적자
Y='총국민소득'－공공투자＋예산 적자－공무원 소득
동 기간 중 이 차이는 작으므로 I'과 '총자본형성' 간의 비례적 변화 및 Y와 '총국민소득' 간의 비례적 변화를 가정할 수 있다.

3부

이자율

06 단기 이자율

서론

앞에서 투자는 저축과 같은 크기로 자동으로 결정되기 때문에 이자율은 자본의 수요 및 공급으로 결정될 수 없다는 것을 설명하였다. 따라서 투자는 이자율 수준과 관계없이 결정된다(53쪽 참조). 즉, 이자율은 다른 요소들의 상호작용 결과이다. 단기 이자율은 거래액과 은행의 화폐 공급으로 결정되고, 장기 이자율은 과거 경험에 근거한 단기 이자율에 대한 기대와 장기 자산의 감가상각과 관계된 위험에 대한 추정치에 의해 결정된다고 주장할 것이다(7장 참조).

유통속도와 단기 이자율

M은 화폐의 양, 즉 현재의 은행 계정과 화폐발행이고, T는 총자금회전, 즉 특정 기간 총거래액이라고 하자. 그러면 T/M은 화폐의 유통속도 V이다. V는 흔히 상수라고 가정하는데 이것이 사실 화폐수량이론quantity theory of money의 기초이다. 그러나 단기 이자율이 높을수록 단기에 화폐를 지불준비금으로 보유하려고 하기보다는 투자하고자 하는 유인이 커진다. 또는 더 정확하게 말하면 많은 양의 돈을 가지든 작은 양의 돈을 가지든 거래는 가능하다. 그러나 자금의 회전과 비교하면 많은 양의 돈은 평균적으로 거래하기가 더 편리하고 순조롭다는 것을 의미한다. 단기 이자율이 높을수록 단기 자산에 투자하는 대안과 비교할 때 이 편리함의 가치가 더 높아진다.[1]

왜 여기서 고려해야 하는 이자율이 일반적인 이자율이 아닌지 의문을 가지는 것은 합리적이다. 이 경우 단기 이자율에서 시그널을 찾는 이유는 다음과 같다. 단기 이자율은 현금 자체를 보유하는 것을 포기한 데 대한 보상이다.[2] 화폐보유를 단기 증권bills 보유와 비교하면 유일한 차이는 단기 증권은 거래를 청산하는데 직접 사용될 수 없고 이자를 발생시킨다는 것이다.[3] 그러나 화폐보유를 채권bond 보유와 비교하면 채권 가격 하락의 위험 역시 고려되어야 한다.[4]

---

[1] 이 경우 단기 이자율을 총소득세로 이해해야 하는지 아니면 순소득세로 이해해야 하는 지의 질문이 생긴다. 만약 경영자에 의한 현금 보유의 삭감이 그에 상응하는 이윤의 감소에 궁극적으로 반영되어 있으면 우리가 고려해야 하는 이자율은 총소득세로 이해해야 한다. 그러나 1930~1938년 중 영국의 실증연구 결과는 이러한 난제에 영향을 받지 않는데 그 이유는 소득세율이 동 기간 중 상당히 안정적이기 때문이다.

[2] 단기 이자율은 투자와 관련된 비용과 불편함 또는 '투자 비용'을 추가로 부담한다는 조건하에 이 사실은 성립한다.

[3] 여기서 증권은 일반적으로 단기 자산이 전형적이며 정기예금도 역시 포함된다.

[4] 기업 활동으로 인한 현금의 증가가 증권에 투자되리라는 것이 이것 때문은 아니다. 기업이 현금, 증권, 그리고 채권을 보유하고 있다고 가정해 보자. 또한, 자금의 회전, 단기 이자율 및 장기 이자율이 변하지 않는다면 기업은 더 많은 현금을 받는

앞에서 살펴본 바에 따라 유통속도 V는 단기 이자율 ρ의 증가함수라는 결론에 도달했다.

$$\frac{T}{M} = V(\rho) \qquad (11)$$

이 식으로부터 주어진 함수에서 단기 이자율 ρ는 거래액 T, 화폐공급 M, 그리고 은행정책에 의해 결정된다.

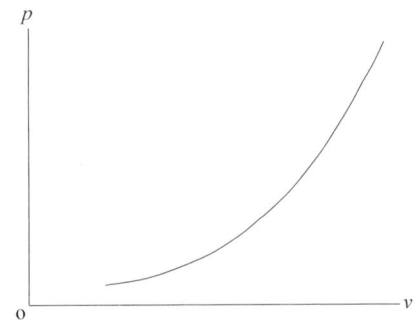

그림 3. 유통속도(V)와 단기 이자율(ρ)의 관계

단기 이자율 ρ와 유통속도 V는 그림 3과 같은 모양의 곡선으로 나타낼 수 있다. V가 높으면, 즉 현금보유가 자금회전과 비교하여 더 작을 때 추가적인 현금보유의 삭감에 영향을 줄 수 있도록 단기 이자율은 더 높게 상승해야 한다. 따라서 그 점에서는 주어진 유통속도의 증가분

다고 가정해 보자. 이제 기업이 추가적인 현금 모두를 증권에 투자한다면 이것은 현금 보유의 편리함과 주어진 단기 이자율의 관계와 일치한다. 그러나 이것이 상대적으로 위험하지만, 보상이 더 많은 자산 (채권) 보유의 비율을 반드시 감소시키는 것은 아니다.

ΔV에 영향을 줄 수 있도록 단기 이자율은 더 높게 상승해야 한다. 반면에 자금회전과 비교하여 현금이 풍부할 때에는 현금 경제가 활성화되고 유통속도의 증가 ΔV가 작아지도록 단기 이자율의 상승이 필요하다.

통계적 예시

지금까지 살펴본 본 바를 1930~1938년 중 영국 단기 이자율의 변화 분석에 적용해 볼 것이다. 동 기간 중 런던결제은행London Clearing Banks의 자금회전 자료(당좌예금의 차변 기재)를 이용할 수 있다. 비록 당좌계정 수준 대비 이 값의 비율이 언뜻 보기에는 유통속도처럼 보이지만 불행하게도 그렇게 단순하지가 않다.

자금회전은 금융거래와 비금융거래 등 아주 다른 특징을 가진 두 부분으로 구성되어 있다. 1930년 금융거래는 총자금회전의 85%를 차지하는 것으로 추정되었다.[5] 반면에 금융당좌계정은 총당좌계정의 1/3 이상이 되지 않는 것 같다.[6] 이 불균형 비율은 비금융당좌계정과 비교하여 금융당좌계정의 유통속도가 훨씬 크다는 것을 분명히 반영하고 있다. 그 결과 비금융당좌계정 대비 금융당좌계정의 비율 변화는 비록 두 계정의 유통속도가 변하지 않는다 하더라도 당좌계정 대비 자금회전의 비율

---

[5] E. H. Phelps Brown and G. L. S. Shackle, 'Statistics of Monetary Circulations in England and Wales', 1919~1937 〈Royal Economic Society〉, 《Memorandum》 No. 74, p. 28.
[6] 앞의 책, p. 3.

에 큰 변화를 가져올 것이다. 이 결점은 다음과 같은 방법으로 해결될 수 있다. 기준 연도인 1930년의 비금융당좌계정 대비 금융당좌계정의 비율이 해당 연도 비금융당좌계정 대비 금융당좌계정의 비율의 수준과 같게 하는 요인을 금융거래에 곱해줌으로써 금융거래의 비중을 낮춘다. 그다음에 '낮아진 금융거래'와 비금융거래를 더한 후 이를 총당좌계정으로 나눈다. 이 비율을 유통속도 변화 지수의 근사치로 간주할 수 있다. 이 계산은 나의 논문 '단기 이자율 및 유통속도The Short-term rate of Interest and the Velocity of Circulation'에서 자세히 설명하고 있다.[7] 그 논문에 있는 결과가 표 16에 나타나 있고 그림 4에 그려져 있다.

[표 16] 영국 단기 이자율의 유통속도 지수(1930~1938)

연도	유통속도 (1930=100)	재정증권 이자율 (%)
1930	100	2.48
1931	95	3.59
1932	93	1.49
1933	83	0.59
1934	88	0.73
1935	85	0.55
1936	82	0.58
1937	84	0.56
1938	80	0.61

출처: *Bank of England*, Statistical Summary.

---

[7] 《Review of Economic Statistics》, May 1941.

1931년을 제외하고는 p와 V의 관계를 나타내 주는 점들이 그림 3에서 사전적事前的 근거로 추론했던 곡선의 주위에 있다. 1931년은 곡선을 상당히 벗어나 있다. 이것은 1931년 후반기의 금융위기로 설명될 수 있다. 이 금융위기로 곡선이 위로 이동하였는데 이는 주어진 단기 이자율에서 주어진 자금회전에 더 많은 양의 현금이 필요함을 의미한다.[8]

같은 맥락에서 1919~1940년 중 미국의 단기 이자율과 대규모 제조업체의 현금잔고 유통속도의 관계에 대한 분석을 Mr. I. N. Behrman이 수행하였다.[9]

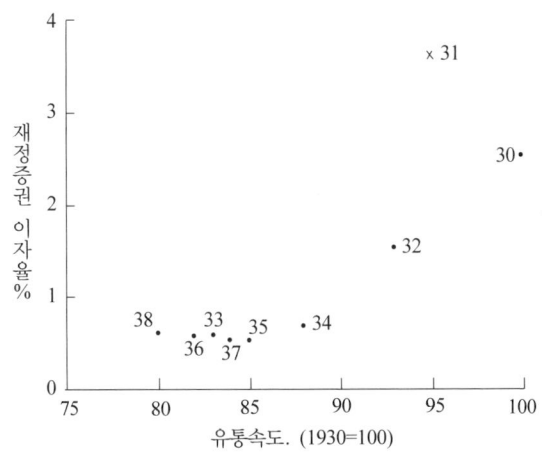

그림 4. 영국의 유통속도 및 재정증권 이자율(1930~1938)

---

[8] 1938년 가을 정치문제로 인한 단기 이자율의 상승으로 1938년의 점이 약간 위에 있다.
[9] 'The Short-Term Interest Rate and the Velocity of Circulation', 《Econometrica》, April 1948.

은행의 현금공급 변화

(11)식에서 다음 식을 얻을 수 있다.

$$MV(\rho) = T$$

이 식은 실제로 화폐수량 방정식이다.[10] 그러나 여기서 그 중요성은 화폐수량설에서의 중요성과는 상당히 다르다. 주어진 T에서 은행에 의한 화폐공급 M은 단기 이자율의 하락을 가져온다.

은행이 화폐공급을 증대시키는 과정에 대해서는 좀 더 자세히 살펴볼 필요가 있다. 단순화하기 위하여 은행 예금은 당좌계정만 있다고 가정하자. 은행이 현금비율(예금 대비 현금 및 중앙은행 계정 잔액의 비율)을 줄이고 단기 증권을 사기로 한다고 가정해 보자. 단기 증권의 가격은 오르고 단기 이자율은 은행이 단기 증권에 지출하는 양을 '대중'이 당좌계정에 보충해 줄 수 있는 수준까지 하락할 것이다.

은행이 채권을 사들여도 유사한 영향을 준다는 것은 흥미 있는 일이다. 초기에 채권 가격이 상승하고 채권 수익률은 '대중'으로 하여금 장기 자산에서 단기 자산 및 현금으로의 이전을 유도할 만한 수준까지 하락할 것이다. 그러나 '대중'이 은행에 채권을 팔아서 받는 추가적인 현금을 단기 증권에 투자하려는 경향이 있을 것이다. 따라서 단기 증권의 가격은 상승하고 단기 이자율은 '대중'이 단기 증권에 투자하기보다는 추가적인 현금을 보유하기를 원하는 수준까지 하락할 것이다.

---

[10] T는 총거래액이므로 피셔방정식에서의 PT와 같다.

단기 이자율의 순환 변화

앞에서 설명한 바로는 단기 이자율의 순환 변동은 거래액 T의 변동에 대응한 은행의 현금공급으로 설명할 수 있다. 일반적으로 이 현금공급은 거래액보다 덜 변동하므로 유통속도와 단기 이자율은 호황기에는 상승하고 불황기에는 하락한다.

[표 17] 영국 및 미국의 단기 이자율(1929~1940)

연도	영국 재정증권 이자율	미국 4~6개월 우량상업어음 이자율
	(%)	
1929	5.26	5.86
1930	2.48	3.59
1931	3.59	2.63
1932	1.49	2.73
1933	0.59	1.72
1934	0.73	1.02
1935	0.55	0.76
1936	0.58	0.75
1937	0.56	0.95
1938	0.61	0.81
1939	*	0.59
1940	*	0.56
(*) 전시		

출처: Bank of England, Statistical Summary; Board of Governors of the Federal Reserve System, Banking and Monetary Statistics.

'1930년대' 영국 및 미국의 단기 이자율의 움직임은 상당히 전형적인 형태는 아니었다는 것을 추가한다.

(금융공황을 반영하여 영국에서는 1931년에 그리고 미국에서는 1932년에 일시적인 역전이 있었지만)영국과 미국에서 불황기에 큰 폭의 하락이 있었다. 그러나 은행정책이 '금융완화easy money'로 변하는 것을 반영하여 회복기에 단기 이자율이 계속 하락한다.

07 장기 이자율

단기 및 장기 이자율

앞 장에서 단기 이자율은 거래액과 은행의 현금공급으로 결정된다는 것을 보여주었다. 이제 장기 이자율의 결정 문제를 살펴볼 것이다.

단기 이자율 및 장기 이자율의 관계를 정립하기 위해서 대표적인 단기 자산인 환어음bill of exchange과 대표적인 장기 자산인 콘솔Consol(역자 주: 영국 정부 공채의 형태인 통합 채권(Consolidated Annuties)을 축약한 용어로 만기일이 없는 영구적인 영국의 정부 발행 공채) 간의 대체 문제를 살펴볼 것이다. 준비금을 어떻게 투자할지 고민하고 있는 개인이나 기업이 있다고 하자. 유가 증권 보유자는 몇 년간 다양한 종류의 유가 증권을 보유하는 경우의 결과를 비교하고자 할 것이다. 따라서 수익률을 비교할 때 그는 그 기간 중 기대 평균할인율 ρ_e와 현재의 장기 이자율(콘솔의 수익률) r을 고려할 것이다. 두 가지 유형 증권의 장단점, 즉 $r - \rho_e$을 고려한 결과를 이제 살펴보자.

먼저 자본 손실의 가능성을 고려할 수 있다. 단기 증권을 보유하면 원금 보전이 보장된다. 반면에 채권은 그 기간 중 가치가 하락할 수 있다.

유가증권 보유자는 보유 유가증권 가치의 단기적인 변동을 무시할 수 있다. 그러나 자본 감소가 지속하는 것으로 판명되면 반드시 고려해야 한다.[1] 따라서 가치 하락의 위험에 대한 준비인 γ는 수익률 r과 ρ_e을 비교할 때 반드시 고려되어야 한다.

반면에 단기 증권과 비교하여 채권 보유는 분명한 장점이 있다. 채권 수익률 r은 그렇지 않지만 기대 할인율 ρ_e은 불확실성에 종속된다. 단기 증권을 보유하기 위해서는 3개월마다 재구매해야 하는 불편함과 비용이 수반된다. 그러나 이러한 고려사항들은 그렇게 중요하지 않고 이러한 관점에서 본다면 채권 보유의 장점 ϵ은 1% 이상 가치가 있는 것은 아니다.

채권 보유의 단점 γ와 장점 ϵ의 순효과를 고려하면 다음의 식을 얻을 수 있다.

$$r - \rho_e = \gamma - \epsilon \tag{12}$$

γ의 가치를 더 고려해볼 수 있다. 만약 콘솔의 현재 가격이 p이고 콘솔 보유자는 과거의 경험에 근거하여 가격 하락의 최저점 $p_{\min}$에 대한 어느 정도 분명한 아이디어가 있다면 γ은 대략 $\dfrac{p - p_{\min}}{p}$, 즉 콘솔 가격이 하락할 것으로 생각되는 최고 비율에 비례한다고 가정할 수 있다.

---

[1] 손실의 발생은 본질적으로 채권의 가치 저하 때문이며 시장 상황이 좋지 않을 때 채권을 현금화시킬 필요 때문이 아님을 유의해야 한다. 채권가치의 상당히 높은 비율까지 채권 담보가 가능하다는 것을 고려하더라도 유사시 필요한 현금은 은행이 부여한 채권의 담보가치만큼 항상 은행 신용으로 구할 수 있다.

$$\gamma = g\frac{p - p_{\min}}{p} = g\left(1 - \frac{p_{\min}}{p}\right) \tag{13}$$

만약 계산 기간이 1년이고 자본가치의 감가상각이 알려져 있다면 g는 100이 된다. 그러나 보통 기간이 길고 최고 감가상각을 예상할 수 없으므로 g는 100보다 훨씬 작을 것으로 기대된다.

콘솔의 가격은 콘솔 수익률과 반비례하기 때문에 (13)식은 다음과 같이 나타낼 수 있다.

$$\gamma = g\left(1 - \frac{r}{r_{\max}}\right) \tag{13'}$$

단, $r_{\max}$는 '최저 가격' $p_{\min}$에 대응하는 수익률이다. (13')식을 (12)식의 γ에 대입하고 정리하면 다음 식과 같다.

$$\gamma = \frac{\rho_e}{1 + \dfrac{g}{r_{\max}}} + \frac{g - \epsilon}{1 + \dfrac{g}{r_{\max}}} \tag{14}$$

만약 계수 g, ϵ, 그리고 $r_{\max}$가 안정적이면 이 방정식은 장기 이자율 r이 기대 단기 이자율 ρ_e의 선형함수임을 나타낸다. 또한 (g, ϵ, 그리고 $r_{\max}$가 안정적이면) $1 + \dfrac{g}{r_{\max}} > 1$이므로 r은 항상 ρ_e보다 작은 크기로 변한다. 이것은 r이 증가할 때 콘솔의 가치 저하의 위험은 감소한다((13')식)는 가정에 따른 것이다.

따라서 우리는 단기 이자율과 비교하여 장기 이자율의 안정을 설명하는 두 개의 요인이 있음을 알게 된다. 첫째 요인은 단기 이자율의 단기적인 변화 ρ는 ρ_e의 추정치에 단지 부분적으로 반영되어 있다는 것이다. 둘째는 장기 이자율 r은 앞으로 몇 년간 기대되는 평균 단기 이자율 ρ_e보다 작은 크기로 변한다.

채권가치의 저하 가능성이 더 높을 것으로 간주될 때뿐만 아니라 단기자산과 현금의 보유 대비 장기자산의 보유 비율이 상승할 때 '위험계수'는 증가한다. 그럴 경우 채권가치의 저하 확률이 같다 하더라도 실제 하락은 모든 유동자산의 가치에 비해 더 큰 손실이 발생함을 의미한다. 이 '증가하는 위험increasing risk'은 높은 g로 설명할 수 있다. 따라서 모든 조건이 불변이고 만약 국민이 보유하는 모든 유동자산 대비 장기자산의 양이 증가하면 g는 상승하는 경향이 있다.

더구나 계수 g는 (지금까지 제외해 왔던) 소득세율에 역시 의존한다. 사실 장기 수익률과 단기 수익률의 차이는 세금에 종속된다. 그러나 채권가치의 저하는 보통 조세 사정tax assessment에 반영되지 않거나 완전히 반영되지 않는다. 이것은 증권 보유와 비교한 채권 보유의 추가적인 단점이 되어 계수 g는 그에 상응하여 높아진다.

1849~1938년 중 영국 콘솔의 수익률에 대한 적용

우리는 이제 앞부분에서 내렸던 결과를 1849~1938년 중 콘솔 수익률 분석에 적용해 볼 것이다. 시간에 따른 콘솔 수익률 곡선이 그림 5에 나타나 있다. 동 기간을 10개의 불균등 구간, 즉 1849~1880, 1881~1887, 1888~1893, 1894~1900, 1901~1909, 1910~1914, 1915~1918, 1919~1921,

1922~1931, 1932~1938로 나눌 수 있는데 각 구간에서는 평균을 중심으로 한 장기 이자율 변동이 구간 사이의 변화와 비교할 때 상대적으로 작다. 이것은 기대 단기 이자율 ρ_e 및 계수 g, ϵ, 그리고 $r_{\max}$가 구간 사이에서는 좀 더 근본적인 변화를 보이지만 이러한 구간 내에서는 특정한 값을 중심으로 덜 변동한다는 가설로 설명할 수 있다.

그림 5. 영국의 콘솔 수익률(1849~1938)

기대 평균할인율 ρ_e에 있는 이러한 변화를 주의해서 살펴보자. 각 구간 내에서는 사실 할인율 ρ는 ρ_e에 중요한 변동을 유발하지 않았던 독특한 변동을 경험한다. 이것은 다음의 가설로 설명할 수 있다. 투자자는 그들의 ρ_e 추정에서 이러한 구간 내에서는 할인율의 '높은' 수준과 '낮은' 수준을 일시적인 현상으로 분류하면서 크게 문제시하지 않고 주로 가장 최근의 '중간medium' 위치에 그들의 기대치를 형성한다. 그리고 이러한 '중간 가치'의 변화는 각 기간 내에서 더 작다. 만약 이 가설이 맞는다면 각 기간의 평균 ρ_e는 동 기간의 실제 할인율 ρ의 평균과 크게 다르지 않다. 이 가정에 근거하여 각 기간의 평균할인율을 평균 ρ_e의 1차 근사치로 하고 선택된 기간 내에서 콘솔의 평균수익률과 평균할인율을 관련시키고 (14)식에 의해 회귀식을 분석할 수 있다.

1849년부터 1938년까지 선택된 기간의 콘솔 평균수익률과 평균할인율이 표 18에 나타나 있다.

[표 18] 콘솔 평균수익률 및 평균할인율: 선택 기간(1849~1938)

연도	콘솔 평균 수익률	평균할인율
	(%)	
1849~1880	3.21	3.66
1881~1887	2.98	2.82
1888~1893	2.63	2.68
1894~1900	2.38	2.18
1901~1909	2.82	3.09
1910~1914	3.27	3.40
1915~1918	4.30	4.30
1919~1921	5.07	5.09
1922~1931	4.48	3.76
1932~1938	3.25	0.82

출처: T. T. Williams, *'The Rate of Discount and the Price of Consols'*, Journal of the Royal Statistical Society, *February 1912;* United Kingdom, Annual Abstract of Statistics; *Bank of England*, Statistical Summary.

그림 6은 같은 자료로 산포도를 그린 것이다. 대부분의 점이 AB 및

A_1B_1의 두 직선에 근접하고 있다. 1881~1887 및 1910~1914를 제외하고 제1차 세계대전 이전 구간에 해당하는 점들은 AB선에 근접하고 있다. 전후 기간에 해당하는 점들은 AB보다 상당히 위쪽에 위치한 A_1B_1에 근접하고 있다. 끝으로 전쟁 기간인 1915~1918년의 점은 두 직선 가운데 있다. AB선 위쪽에 위치한 1881~1887년의 점은 동 기간의 콘솔 수익률은 '순전한 장기 이자율' 수준을 반영하는 것이 아니고 기대의 역전으로 인해 너무 높아졌다는 사실로 설명된다는데 주목해야 한다.

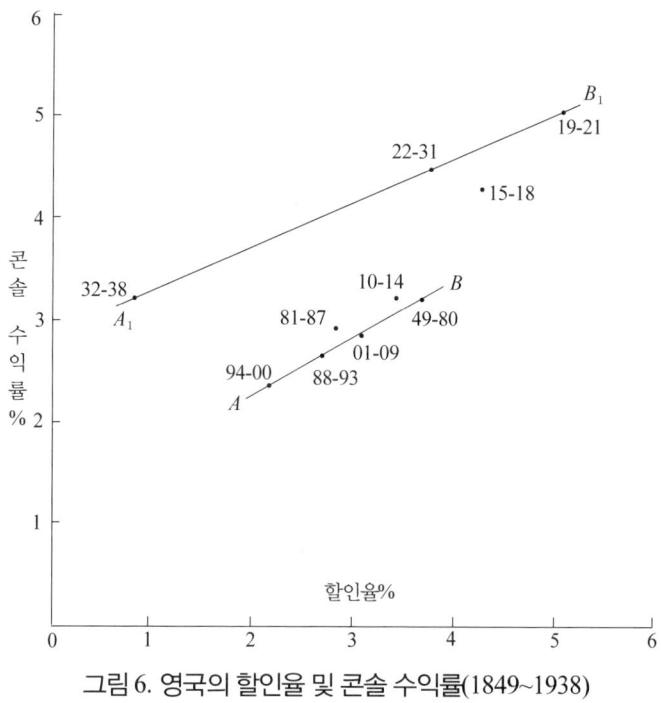

그림 6. 영국의 할인율 및 콘솔 수익률(1849~1938)

위의 결과는 (14)식으로 해석이 가능하다. 1849~1909년 중 계수

$g, r_{\max}$, 그리고 ϵ은 어느 정도 안정적인데 이에 따라 AB선으로 나타낸 r과 ρ_e의 선형함수를 얻을 수 있다. 이 기간 이후 주로 제1차 세계대전 기간 중 이 계수들은 분명히 변했고 전후 기간에 다시 안정되었다. 이에 따라 동 기간 중 ρ_e 및 r 점은 A_1B_1 직선에 있다. AB 및 A_1B_1 사이에 있는 1910~1914년 및 1915~1918년은 AB에서 A_1B_1로 이동이 발생한 기간을 나타낸다.

AB 및 A_1B_1 선을 나타내는 방정식으로부터 1849~1909년과 1919~1938년의 계수 g 및 ϵ를 각각 구할 수 있다.

AB(1849~1909)의 식은 다음과 같다.

$$r = 0.55\rho_e + 1.17$$

이 식을 다음의 (14)식과 비교해 보자.

$$\gamma = \frac{\rho_e}{1 + \dfrac{g}{r_{\max}}} + \frac{g - \epsilon}{1 + \dfrac{g}{r_{\max}}} \tag{14}$$

그러면 다음의 두 식을 얻을 수 있다.

$$\frac{1}{1 + \dfrac{g}{r_{\max}}} = 0.55 \quad \text{및} \quad \frac{g - \epsilon}{1 + \dfrac{g}{r_{\max}}} = 1.17$$

최고 장기 이자율에 대한 기대치는 약 3.4로 가정할 수 있는데 그 이유는 이것이 분석 기간 중 최고의 이자율이었고 분석 기간 시작 시점의 r 수준은 아주 낮지 않았기 때문이다. 마지막 식으로부터 계수 g 및 ϵ를 결정할 수 있는데 $g = 2.78$이고 $\epsilon = 0.65$이다.

1919~1938년의 식은 다음과 같다.

$$r = 0.425\rho_e + 2.90$$

따라서 다음의 두 식을 얻을 수 있다.

$$\frac{1}{1+\dfrac{g}{r_{\max}}} = 0.425 \text{ 및 } \frac{g-\epsilon}{1+\dfrac{g}{r_{\max}}} = 2.90$$

여기서 $r_{\max}$는 5.1로 가정할 수 있는데 그 이유는 분석 기간 시작 시점에 5.1 수준이었고 그 이후 이 수준을 초과한 적이 없었다. 따라서 $g = 6.9$이고 $\epsilon = 0.07$이다.

이제 우리가 한 계산 결과를 다음과 같이 정리할 수 있다.

기간	g	$r_{\max}$	ϵ
1849~1909	2.78	3.40	0.65
1919~1938	6.90	5.10	0.07

우리 이론을 확인하는 관점에서 가장 중요한 결과는 사전적事前的 이유로 우리가 기대한 것처럼 ϵ(가치 절하의 위험을 제외할 경우 증권과 비교한 채권의 장점)이 작다는 것이다. 만약 전후 기간의 계수 ρ_e가 0.425가 아니고 가령 0.25이라면 다른 조건이 일정할 때 ϵ의 값이 3.7이 되는데 이 값은 분명히 불합리하고 우리의 이론이 그릇됨을 증명할 것이다.[2]

계수 g는 전쟁 이전과 전쟁 이후 모두 사전적事前的으로 주장했던 100

과 비교하면 작다. 두 기간 사이에 g가 약 2.5배로 크게 증가한 것은 1914년 이후 r의 변동이 훨씬 크다는 것과 소득세 및 부가세의 상승으로 설명될 수 있다. r_{max}의 상승과 함께 g가 크게 상승한 것은 AB선이 A_1B_1 위치로 이동한 것을 설명한다.

경기순환 중 장기 이자율의 안정성

그림 5를 보면 장기 수익률의 주요 변화는 6~10년의 순환 형태에 따르지 않는다는 것을 알 수 있다. 소규모 변동은 별개로 하고 1849년부터 1914년까지 하나의 파장 같은 것이 있다. 이 기간 이후 전시 및 전후 인플레이션 시기가 온다. 1920년대가 시작하면서 장기 수익률이 최정상에 달한 후 떨어지면서 하강 추세가 지속되는 1930년대 후반의 대공황까지 안정화된다. 제2차 세계대전 이전 2년 동안 이 추세가 역전되는 것은 정치적 상황 때문이다.

표 19는 1929~1938년 중 콘솔 수익률과 1929~1940년 중 미국 재무성 채권 수익률을 나타내고 있다.

양국 모두 단기 이자율의 장기적인 하락으로 인한 하강 추세를 보여주고 있다. 그러나 미국의 자료는 두 가지 점에서 다르다. 첫째 금융공황의 강도를 반영하여 1932년 미국의 장기 이자율은 크게 상승하였다. 둘

---

[2] 그러나 우리 이론에 의하면 ϵ은 양수가 되어야 함에도 만약 ϵ이 작고 음수라면 이론은 그릇되지 않는다. 여기서 제시된 실증 연구는 본질상 근사치이며 따라서 ϵ을 작은 양수 대신에 작은 음수로 쉽게 만들어 버린다.

째 장기 이자율이 정치적 상황에 영향을 받은 영국과는 대조적으로 미국의 장기 이자율은 1937년과 1938년에 상승하지 않았다. 양국 자료 모두 어떤 분명한 순환 형태는 찾아볼 수 없다. 특히, 1934년까지는 단기 이자율의 하락과 같은 그런 하락은 없다.

[표 19] 영국 및 미국 대공황기의 장기 이자율

연도	영국의 $2\frac{1}{2}$% 콘솔 수익률	미국 재무성 채권 수익률
	(%)	
1929	4.60	3.60
1930	4.48	3.29
1931	4.39	3.34
1932	3.74	3.68
1933	3.39	3.31
1934	3.10	3.12
1935	2.89	2.79
1936	2.94	2.69
1937	3.27	2.74
1938	3.37	2.61
1939	*	2.41
1940	*	2.26

(*) 전시

출처: Bank of England Statistical Summary; Board of the Federal Reserve System, Banking and Monetary Statistics.

장기 이자율이 뚜렷한 순환변동을 보여주지 않는다는 사실은 위에서 설명한 이론과 완전히 일치한다. 화폐공급은 거래액보다 변동이 작으므로 단기 이자율은 보통 불황기에 하락하고 호황기에 상승한다. 그러나 사실 장기 이자율은 현재 단기 이자율보다는 앞으로 몇 년간 기대되는 단기 이자율의 평균에 근거한다. 더구나 장기 이자율은 기대 단기 이자율보다 훨씬 덜 변하는데 그 이유는 장기 이자율이 상승하면, 즉 채권의 가격이 하락하면 채권의 추가적인 가치 저하의 가능성을 낮게 하기 때문이다(93쪽 참조).

어떤 저자들은 경제변동을 가져오는 요인 중 이자율의 역할이 중요하다고 주장한다. 장기 이자율이 투자의 결정과 순환 과정의 원리와 관련되어 있기 때문에 위에서 도달한 결과는 매우 중요하다. 사실 위에서 논의한 이유 때문에 장기 이자율이 뚜렷한 순환변동을 보이지 않는다는 사실의 관점에서 보면 장기 이자율은 경기순환과정에서 중요한 요소로 거의 간주할 수 없다.[3]

---

[3] 114쪽 참조.

/ 4부

투자의 결정

08 기업자본 및 투자

기업규모 및 기업자본

일반적으로 기업규모를 제한하는 두 가지 요인은 (1) 규모의 비경제, (2) 시장 제한, 즉 이익이 없는 가격 할인 또는 판매비용의 증대가 필요한 확장이다. 이 중 첫 번째 요인은 다소 비현실적인 것 같다. 비록 모든 공장이 최적 규모를 가지고 있지만, 아직도 2, 3개 또는 더 이상의 공장을 가지는 것이 가능하므로 첫 번째 요인은 기술적인 근거가 없다. 대규모 기업의 경영이 어렵다는 주장도 확실치 않은데 그 이유는 이 문제를 해결하기 위한 분권화의 적절한 수단이 항상 도입되기 때문이다. 기업이 생산한 제품의 시장에 의해 기업규모가 제한을 받는다는 것은 충분히 현실적이지만 동일 산업에 대규모 기업 및 소규모 기업이 존재하고 있는 것을 설명하지 못한다.

그러나 기업규모를 제한하는 데 결정적으로 중요한 다른 요소가 있다. 그것은 기업자본, 즉 기업이 보유한 자본의 양이다. 기업의 자본시장 참여, 즉 금리 생활자로부터 차입하기 원하는 자본의 양은 기업자본의 양에 의해 어느 정도 결정된다. 기업은 기업자본의 양에 의해 결정되는 특정 수준 이상의 자본을 차입하는 것이 가능하다. 예를 들면, 만약 기업이 기업자본을 훨씬 초과한 대규모 채권을 발행해야 한다면 발행 채권이 전부 판매되지 않을 것이다. 비록 기업이 현재 시장 금리보다 더 높은 이자율로 채권을 발행한다고 하더라도 채권 판매는 증가하지 않을 수 있는데 그 이유는 높은 이자율 그 자체가 기업의 미래 지급능력과 관련된 불안을 증가시킬 수 있기 때문이다.

게다가 많은 기업이 확장에 따른 '증가하는 위험' 때문에 자본시장의 잠재력을 완전히 사용하지 않을 것이다. 사실 몇몇 기업들은 기업자본에 의한 투자수준 이하로 투자하고 일부는 유가증권으로 보유하기도 한다. 확장을 계획하고 있는 기업은 주어진 기업자본의 양에서 투자액에 따라 위험이 증가한다는 사실에 직면하게 된다. 기업자본 대비 투자가 클수록 모험적 사업이 성공하지 못할 경우 기업소득의 감소가 더 커진다. 예를 들어 기업가가 사업을 통해 이익을 얻지 못한다고 가정해 보자. 만약 그의 자본 중 일부를 사업에 투자하고 또 다른 일부를 높은 이율의 채권으로 보유하고 있다면 그는 아직 그의 자본으로부터 약간의 순소득을 얻을 수 있을 것이다. 만약 그의 자본 모두가 투자되면 그의 소득은 0이 될 것이고 만약 그가 차입하면 그는 순손실을 입을 것이고 순손실이 장기적으로 지속되면 그는 사업을 그만두어야 한다. 차입금이 많을수록 그러한 사고를 당할 위험이 커진다는 것은 명백하다.

따라서 기업규모는 자본의 차입 능력에 영향을 주고 또한 위험의 정도에 영향을 주는 기업자본의 양에 제한을 받는 것이 분명하다. 특정 시점에 동일 산업 내에서 기업규모가 다양한 것은 기업자본의 차이로 쉽게 설명될 수 있다. 대규모 기업자본을 가진 기업은 소규모 기업자본을 가진 기업이 할 수 없는 대규모 투자 자금을 조성할 수 있다. 기업자본의 차이에서 발생하는 기업 지위의 차이는 일정 규모 이하의 기업은 어떤 자본시장에도 접근할 수 없다는 사실로 인해 더욱 커진다.

위에서 살펴본 바와 같이 기업 확장은 현재 이윤으로부터 발생하는 자본 축적에 의존한다. 이 때문에 기업은 제한적인 자본시장의 장애나 '증가하는 위험'을 만나지 않고 새로운 투자를 하는 것이 가능하게 된다. 현재 이윤에서 발생하는 저축이 직접 사업에 투자될 뿐만 아니라 기업의 자본 증대가 새로운 차입을 가능하게도 한다.

주식합명회사의 문제

위에서 살펴본 투자 제한이 주식합명회사joint-stock company의 경우에도 적용 가능한지 의문이 드는 것은 합리적이다. 만약 회사가 회사채를 발행한다면 상황이 실질적으로 변하지 않는다. 발행이 많아질수록 모험적 사업이 성공하지 못할 경우 배당금이 더 작아진다. 우선주(이익이 보통주에 배당되기 전에 고정 이익을 받는) 발행의 경우에도 상황은 비슷하다. 그러면 보통주 발행의 경우는 어떠한가? 얼핏 보기에는 그러한 보통주 발행에 제한이 없는 것 같지만 사실 다음과 같은 상당한 제한적인 요인이 있다.

(a) 수식합명회사는 '주주의 형제애botherhood of shareholders'가 아니고 대주주 통제그룹에 의해 경영되고, 나머지 주주들은 고정 이자율 채권의 보유자와 다르지 않다는 것을 먼저 주장하고자 한다. 이제 이 그룹이

계속 통제하기를 원하면 그들은 '대중'에게 주식을 무한정 팔 수 없다. 예를 들면 이러한 '어려움'은 지주회사를 설립함으로써 부분적으로 극복될 수 있다.[1] 그럼에도 불구하고 대주주에 의한 통제의 유지 문제는 '대중'을 대상으로 한 발행에 제한적인 영향을 미친다.

(b) 주식 발행으로 조달된 투자는 주식 및 자본준비금을 증가시킨 발행만큼 회사 이윤을 비례적으로 증가시키지 못할 수 있다. 만약 새 투자에 대한 수익률이 이전의 이윤과 어쨌든 같지 않으면 일반적으로 구주주 및 특히 통제그룹의 배당은 압박될 것이다. 물론 신주 발행이 클수록 이런 유형의 위험이 커진다. 따라서 이것은 '증가하는 위험'의 다른 경우이다.

(c) 주식 발생은 해당 회사의 주식에 대한 제한된 시장에 의해 제약된다. '대중'은 다양한 주식을 보유함으로써 위험을 분산하는 경향이 있다. 따라서 구 주주의 관점에서 볼 때 합리적인 가격에 새 주식의 제한량보다 더 많이 주문하는 것은 불가능하다. 구주주에게는 새 주식의 판매가가 결정적으로 중요하다. 사실 만약 기대 이윤과 비교하여 새 주식의 가격이 너무 낮으면 (b)에서 고려한 것과 유사한 상황이 발생할 것이다. 새 주식 발행은 주식 및 자본준비금만큼 회사의 수입 능력을 비례적으로 증가시키지 않고 구 주주의 배당을 '압박'하는 결과를 낳는다.

---

[1] 회사 주식의 51%를 소유하고 있는 그룹이 그들의 지분을 유지하면서 새 회사를 설립한다. 그 그룹은 새 회사의 지분을 51% 유지하면서 49%를 대중에게 판다. 이제 그 그룹은 지주회사를 통제하고 지주회사를 통해 구 회사 지분의 26%만 가지고 구 회사를 통제한다. 지주회사는 구 회사의 신주 발행에 자유롭게 투자할 수 있는 자본의 약 25%를 현금으로 가지고 있다.

이 모든 것은 주식합명회사 역시 확장에 분명한 제한이 있다는 사실을 지적한다. 이 확장은 가족기업의 경우와 같이 현재 이윤으로부터의 자본 축적에 의존한다. 그러나 이러한 기업자본의 증가는 회사의 미배당 이윤에 제한을 받지 않는다. 지배 그룹의 '개인적인' 저축과 밀접하게 관련된 지배 그룹의 발행 주식의 인수는 기업자본 축적의 또 다른 형태로 간주하여야 한다.

'내부의' 자본 축적은 사업에 '재투자'될 수 있는 자원을 공급한다. 더구나 그러한 축적은 '대중'에 대한 신주 발행을 조장하는데 그 이유는 그러한 축적이 위에서 열거한 장애들을 극복할 수 있게 도와주기 때문이다. (a) 축적이 지배 그룹에 의한 발행 주식의 인수 형태를 취할 경우 대부분 주식에 대한 그룹의 지배력을 침해하지 않고 '대중'에 대한 일정량의 주식 발행을 가능하게 한다. (b) '내부의' 자본 축적을 통한 기업규모의 성장은 신규 투자에 대한 자금조달을 위하여 '대중'에 대해 일정량의 주식을 발행하는 데 따른 위험을 감소시킨다. (c) '대중'에 의지하지 않은 회사 자본의 증대는 그 회사 주식에 대한 자본시장을 확대하는 경향이 있는데 그 이유는 일반적으로 회사가 크면 클수록 주식시장에서 그 회사의 역할이 중요해지기 때문이다.

결론

기업자본의 이용 가능성에 의한 기업규모의 제한은 바로 자본주의 체제의 핵심이다. 많은 경제학자는, 최소한 그들의 추상적인 이론에서는,

기업가 능력을 타고난 사람은 누구나 모험적 사업을 시작하는 데 필요한 자본을 구할 수 있는 사업 민주주의business democracy 상태를 가정한다. '순수한' 기업가의 활동에 대한 이 그림은 부드럽게 말하면 비현실적이다. 기업가가 되기 위한 가장 중요한 전제 조건은 자본의 소유이다.

위에서 고려한 것들은 투자결정이론에 매우 중요하다. 투자결정의 중요한 요인 중 하나는 현재 이윤으로부터 발생하는 기업자본의 축적이다. 우리는 이 주제를 다음 장에서 자세히 다룰 것이다.[2]

---

[2] 여기서 논의된 문제는 자본집중이론에서도 매우 중요하다(J. Steindl, 'Capitalist Enterprise and Risk,' 《Oxford Economic Papers》, March 1945 참조).

09 투자결정요인

고정자본투자의 결정요인

여기서 우리의 문제는 단위 시간당 투자결정의 양을 찾는 것이다. 특정 기간의 투자결정은 동 기간 중 작동하는 특정 요인에 의해 결정되고, 실제 투자는 투자결정과 시차를 두고 이루어진다. 이 시차는 주로 건설 기간에 기인하지만, 또한 지연된 기업가 반응과 같은 요인들을 반영한다. 단위 시간당 고정자본투자결정의 양을 D, 고정자본에 대한 투자를 F라고 하면 우리는 다음 식을 얻을 수 있다.

$$F_{t+\tau} = D_t \tag{15}$$

단, 시차 τ는 단위 시간당 투자결정 D의 시간 곡선과 고정자본투자 F의 시간 곡선의 수평 거리이다.[1]

---

[1] 투자결정은 절대로 취소될 수 없는 것은 아니라는 것에 유의해야 한다. 비록 상당한 손실이 따른다 하더라도 투자 발주의 취소는 발생할 수 있고 또 발생하고 있다. 따라서 이것은 (15)식에 나타난 투자결정과 투자의 관계를 교란시키는 요인이다.

고정자본투자의 결정요인 문제에 대해 다음과 같이 접근할 것이다. 만약 우리가 특정한 단기에 투자결정률을 고려하면 그 기간의 시작부터 기업은 그들의 제품에 대한 제한된 시장으로 인해 또는 '증가하는 위험' 및 자본시장의 제한으로 인해 이윤이 발생하지 않는 점까지 투자계획을 밀고 나간다고 우리는 가정할 수 있다. 따라서 이 기간에 그러한 요인에 의해 설정된 투자계획의 경계를 확장할 수 있는 경제 상황의 변화가 발생할 경우에만 신규 투자결정이 이루어질 것이다. 우리는 주어진 기간에 발생하는 그러한 변화의 세 가지 범주, 즉 (a) 현재의 이윤에서 발생하는 기업의 총자본축적, (b) 이윤의 변화 및 이윤율의 변화를 공동으로 결정하는 고정자본스톡의 변화를 고려할 것이다.

첫 번째 요인은 앞 장에서 일반적인 방법으로 다루어 왔다. 투자결정은 '내부의' 자본축적, 즉 기업의 총저축과 밀접하게 관련되어 있다. 투자에 이러한 저축을 사용하려는 경향이 있고 또한 기업자본의 축적을 힘입어 투자는 새로운 외부 자금으로 조달될 수 있다. 따라서 기업의 총저축은 제한적인 자본시장과 '증가하는 위험' 요인에 의해 투자계획에 설정된 경계를 확장한다.

엄밀히 말하면 기업의 총저축은 감가상각과 미처분 이윤으로 구성된다. 그러나 우리는 여기에 발행 신주의 인수를 통해 그들의 회사에 투자된 지배 그룹의 '개인 저축'을 포함할 것이다. 따라서 기업의 총저축에 대한 이 개념은 다소 모호하다. 우리는 위에서 상정한 기업의 총저축은 민간저축의 총합(그중에서도 이윤과 국민소득 간의 상관관계 결과로서의 민간저축의 총합, 65쪽 참조)과 관계되어 있다고 가정함으로써 이 어려움을 피해갈 것이다.

이 가정에 근거하면 투자결정률 D는 총저축 S의 증가함수이다. (투자결정과 투자는 실질값이라고 가정한다. 즉, 그들의 가치는 투자재의 가격지수로 디플레이트된다. 따라서 총저축 역시 투자재의 가격지수로 디플레이트되어야 한다.)

투자결정률에 영향을 주는 또 다른 요인은 단위 시간당 이윤의 증가이다. 고려 대상 전 기간에 이윤이 증가하면 이전에는 수지가 맞지 않는다고 했던 프로젝트를 매력 있게 만들고 따라서 동 기간 중 투자계획의 경계를 확장하게 만든다. 그 결과 발생한 새로운 투자결정을 기간으로 나눈 값은 동 기간 중 투자결정률에 대한 단위 시간당 이윤 변화의 기여를 나타낸다.

새로운 투자 프로젝트의 수익성을 평가할 때 신규 자본설비의 가치와 관련한 기대이윤이 고려된다. 따라서 투자재의 경상가격과 비교하여 이윤이 계산된다. 우리는 투자재의 가격지수로 이윤을 디플레이트함으로써 이 요인을 고려할 수 있다. 다시 말해서 만약 우리가 투자재의 가격으로 디플레이트된 세후 총이윤의 합계를 P라고 하면[2], 다른 모든 조건이 일정할 때 투자결정률 D는 $\frac{\Delta P}{\Delta t}$ 의 증가함수라고 말할 수 있다.

끝으로 단위 시간당 자본설비의 순증가는 투자결정률에 불리한 영향을 미친다. 즉, 이 영향이 없다면 투자결정률은 높아질 것이다. 사실 만약 이윤 P가 일정하면 자본설비스톡의 증가는 이윤율의 감소를 의미한

---

[2] 3장, 4장 및 5장에서 '실질' 총이윤 P의 개념은 민간부문 총생산의 디플레이션에 내재한 가격지수가 디플레이터로 사용되었다는 점에서 현재의 이윤과 다르다.

다. 고려 대상 전 기간에 이윤이 증가하면 추가적인 투자 프로젝트를 매력 있게 만드는 것처럼 자본설비의 축적은 투자계획의 경계를 제한하는 경향이 있다. 이 영향은 새로운 기업이 진입하여 기존 기업의 투자계획을 덜 매력 있게 만드는 경우 가장 쉽게 확인할 수 있다. 만약 적정한 가격으로 디플레이트된 자본설비스톡의 가치를 K라고 하면 투자결정률 D는 다른 조건이 일정할 때 $\frac{\Delta K}{\Delta t}$의 감소함수라고 할 수 있다.

요약하면, 투자결정률 D의 1차 근사치는 총저축 S와 총이윤의 변화율 $\frac{\Delta P}{\Delta t}$의 증가함수이고, 자본설비스톡의 변화율 $\frac{\Delta K}{\Delta t}$의 감소함수이다. 더구나 선형함수를 가정하면 다음의 식을 얻는다.

$$D = aS + b\frac{\Delta P}{\Delta t} - c\frac{\Delta K}{\Delta t} + d \tag{16}$$

단, d는 장기 변화에 종속되는 상수이다.

(15)식에 따라 다음이 성립한다.

$$F_{t+\tau} = D_t$$

또한 (15)식에 따라 t기 고정자본의 투자에 대한 다음의 (16')식을 얻는다.

$$F_{t+\tau} = aS_t + b\frac{\Delta P_t}{\Delta t} - c\frac{\Delta K_t}{\Delta t} + d \tag{16'}$$

고려하지 않은 요인들

이윤의 변화에 반대의 영향을 주는 이자율의 변화를 왜 투자결정의 공동 결정요인으로 고려하지 않았는지 의문을 제기할 수 있다. 이 단순화는 앞에서(101쪽 참조) 살펴본 바와 같이 (국채 수익률로 측정되는) 장기 이자율은 뚜렷한 순환변동을 보여주지 않는다는 사실에 근거하고 있다.

회사채 수익률은 신용 위기로 인해 불황기에 때때로 상당한 정도 상승하는 것은 사실이다. 이 요인을 생략했다고 앞에서 설명한 이론이 무효화 되는 것은 아닌데 그 이유는 (비록 중요성이 훨씬 덜하기는 하지만) 회사채 수익률의 상승은 이윤 하락과 같은 방향으로 작동하기 때문이다. 따라서 이 영향은 경기순환 논의에서 (16)식에 있는 다소 높은 계수 b로 대략 설명될 수 있다.

그러나 주가 대비 배당금의 비율인 주식 수익률의 변동 때문에 제기되는 문제를 고려할 필요가 있다. 우선주 수익률의 변동은 회사채 수익률의 변동과 매우 유사한 형태를 보이므로 같은 방법으로 고려될 수 있을 것이나. 그러나 보통주의 경우에는 완전히 그렇지는 않다. 비록 일반적으로 이 요인의 중요성이 제한적이기는 하지만 이것이 앞에서 설명한 이론의 적용을 어느 정도 무효화 할 수 있다는 것을 부정하는 것은 아니다.

이제 우리는 (16)식을 만들면서 고려하지 않았던 완전히 다른 요인인 혁신Innovations을 간단히 고려할 것이다. 현재의 기술 상태에 대한 기업의 점진적인 설비 조정의 의미에서 혁신은 이 공식에 의해 결정되는 '통상적인' 투자의 부분이라고 가정한다. 새로운 발명의 즉각적인 영향은 경제발전이론과 연관 지어 15장에서 논의된다. 거기서 이러한 영향은 d의 수준에 반영되어 있다는 것을 볼 수 있을 것이다. 이자율 또는 주식 수익률의 장기 변화도 마찬가지이다.

이론의 두 가지 특별한 경우

(16)식은 투자결정에 관한 기존 이론 중 일부를 특별한 경우로 포괄한다는 것을 보여줄 수 있다.

먼저 (16)식에서 계수 a와 c가 0이라고 가정하면 다음의 방정식을 얻게 된다.

$$D = b\frac{\Delta P}{\Delta t} + d$$

또한, d는 감가상각과 같다고 가정하자. 따라서 순투자는 '실질' 이윤의 변화율에 의해 결정된다. 이 경우는 대체로 소위 가속도 원리acceleration principle에 대응한다. 이 원리는 순투자와 이윤의 변화율보다는 순투자와 생산물의 변화율 간의 관계를 정립한 것이고, 이론적 토대가 앞에서 살펴본 이론적 토대와 다르다는 것은 사실이다. 그러나 최종적인 결과는 '실질' 이윤과 총생산의 상호 관계로 인해 거의 같다(5장 참조).

생산을 증가하기 위한 설비용량의 확장 필요성에서 발생하는 이론적인 문제에 관해서는 그것을 추론하기보다는 앞에서 제시된(111쪽 참조) '가속도 원리'에 근거하는 것이 더 현실적인 것 같다. 어쨌든 경기순환의 상당 기간에 걸쳐 대규모 예비 설비용량이 존재하기 때문에 현재의 설비용량을 실제로 증대시키지 않아도 생산을 증가시킬 수 있다는 것은 잘 알려져 있다. '가속도 원리'의 근거가 무엇이든지 그것은 위에서 살펴본 투자결정의 다른 결정요인을 고려하지 않았을 뿐만 아니라 사실과 맞지 않기 때문에 부적절하다. 경기순환의 과정에서 생산물 증가율이 최대가 되는 점은 중간 위치 근처일 것이다(그림 7 참조).

'가속도 원리'에 따르면 그때 투자결정은 최고 수준에 도달한다. 그러나 이것은 비현실적이다. 사실 그것은 투자결정과 총생산 간의 시차가 경기순환의 약 1/4 또는 1.5~2.5년이라는 것을 의미한다. 투자결정과 실제 투자 간 시차가 1년 이상이라고 가정하는 것은 어려우므로 고정자본에 대한 실제 투자는 생산물을 0.5년에서 1.5년 '선행한다'는 것을 의미한다. 이용 가능한 자료는 그러한 시차를 확인해 주지 않는다. 예를 들면 이것은 1929~1940년 미국의 고정자본투자 및 생산(민간부문의 총생산)의 시간 곡선이 주어져 있는 그림 8에서 볼 수 있을 것이다.[3] 뚜렷한 시차가 발견되는 것은 아니다. (16')식에 기초하여 동 기간 중 미국의 고정자본투자에 대해 우리가 얻을 수 있는 회귀식(130쪽 참조) 또한 '가속도 원리'와 전혀 합치하지 않는다.

---

[3] 시간 곡선은 동일 진폭(amplitude)이 되게 하였고 사이에 발생하는 추세는 제거되었다. (자세한 내용은 통계 부록, 주 10을 보라).

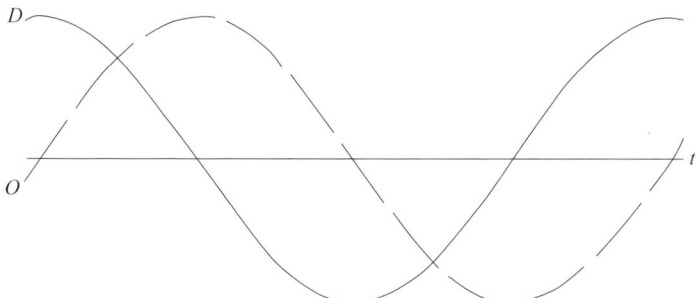

그림 7. '가속도 원리'에 따른 고정자본결정과 총생산(동일진폭 조정)

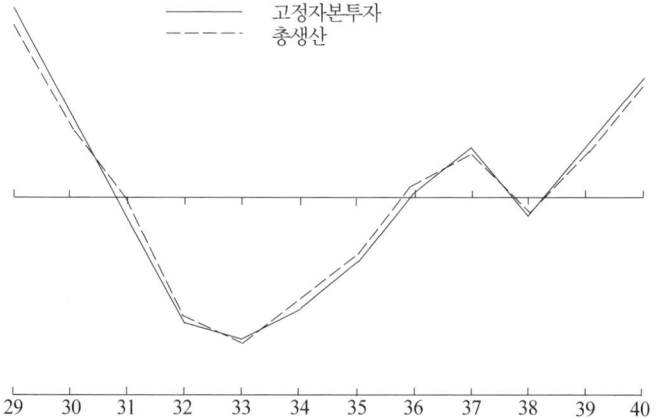

그림 8. 고정자본투자 및 민간부문 총생산 변동(동일진폭 조정 및 추세제거):
미국(1929~1940)

신규 저축의 일정한 양이 투자결정에 같은 크기의 영향을 준다고 가정함으로써, 즉 a가 1이라고 가정함으로써 우리 이론의 두 번째 특별한 경우를 얻는다. 그리고 상수항 d는 0이라고 가정한다. 따라서 우리는 다음의 식을 얻는다.

$$D = S + b\frac{\Delta P}{\Delta t} - c\frac{\Delta K}{\Delta t}$$

또한, 경기순환의 전 과정에서 재고는 안정적이고 수출 초과 및 예산 적자가 모두 0이라고 가정하면 저축 S는 고정자본의 실제 투자 F와 같다. (왜냐하면, 저축은 고정자본 및 재고투자에 수출 초과와 예산 적자를 합한 것과 같기 때문이다.) 따라서 우리는 다음의 식을 얻는다.

$$D = F + b\frac{\Delta P}{\Delta t} - c\frac{\Delta K}{\Delta t}$$

그리고 $F_t = D_{t-\tau}$이므로 다음의 식이 성립한다.

$$D_t = D_{t-\tau} + b\frac{\Delta P_t}{\Delta t} - c\frac{\Delta K_t}{\Delta t}$$

또는

$$D_t - D_{t-\tau} = b\frac{\Delta P_t}{\Delta t} - c\frac{\Delta K_t}{\Delta t}$$

마지막 방정식에서 만약 이윤 P와 자본설비스톡 K가 일정하면 $D_t = D_{t-\tau}$이므로 투자결정률도 D도 일정하다. 이윤이 새로운 수준으로 상승하면(P가 상승하는 시기는 $D_t > D_{t-\tau}$이므로) D도 상승한다. 자본설비스톡 K가 새로운 수준으로 상승하면(K가 상승하는 시기는 $D_t < D_{t-\tau}$이므로) D는 하락한다. 투자결정률은 이윤 수준의 증가함수이고 자본설비스톡의 감소함수이다. 이 관계가 나의 『경기변동이론 에세이*Essay on Theory of Economic Fluctuations*』에 있는 경기순환이론의 기초가 되었다. 따라서 이 이론은 현재 이론의 특별한 경우임이 분명하다.

여기서 얻어진 특별한 경우로서의 관계가 때때로 모든 조건에서 유효하다고 가정하는데 그 근거는 다음과 같다. 기대 이윤율은 '실질' 현재 이윤의 증가함수이고 자본설비스톡의 감소함수라고 가정할 수 있다. 더 나아가 기대 이윤율이 높을수록 고정자본투자의 수준이 높아지는 것은 명백하다.[4] 그러나 기대 이윤율이 높을수록 고정자본투자의 수준이 높아지는 것은 얼핏 보기에는 그럴듯하다. 우리가 여기서 단위 시간당 투자결정의 양을 고려한다는 것을 기억한다면 이 관계는 명백해지지 않는다. 만약 이윤율이 특정 수준에서 당분간 유지되면 기업은 그 이윤율에 대응하는 투자결정을 할 것이다. 그리하여 어떤 새로운 사실이 나타나지 않는다면 그 이후에는 어떤 결정도 하지 않을 것이다. 우리가 고려한 특별한 경우에 이윤율이 일정할 때 단위 시간당 투자결정의 수준을 유지하도록 보장해 주는 것은 저축과 고정자본투자가 일치하도록 저축이 완전하게 재투자되는 것이다. 그러나 상당히 엄격한 이러한 가정들이 폐지되면 이 정리theorem는 더 이상 사실이 아니고 $D = aS + b\dfrac{\Delta P}{\Delta t} - c\dfrac{\Delta K}{\Delta t} + d$에 근거한 보다 일반적인 접근이 필요하다.

근본방정식의 검토

 (16')식의 계수에 대한 검토를 진행하기 전에 그것을 약간 바꾸는 것이 유용하다. 고정자본설비의 변화율은 고정자본의 투자에서 동 기간의 감가상각을 차감한 것과 같다는 사실을 나타내는 다음의 식을 먼저 고려해

---

[4] 그것은 《Revue d'Economie Politique》 및 《Econometrica》의 나의 초기 논문에 있는 나의 개념이었다.

보자.

$$\frac{\Delta K}{\Delta t} = F - \delta$$

단, δ는 마모 및 노후화로 인한 감가상각이다. 따라서 (16')식은 다음과 같이 나타낼 수 있다.

$$F_{t+\tau} = aS_t + b\frac{\Delta P_t}{\Delta t} - c(F_t - \delta) + d$$

이제 $-cF_t$를 우변에서 좌변으로 이동한 후 양변을 $1+c$로 나누자.

$$\frac{F_{t+\tau} + cF_t}{1+c} = \frac{a}{1+c}S_t + \frac{b}{1+c}\frac{\Delta P_t}{\Delta t} + \frac{c\delta + d}{1+c}$$

이 방정식의 좌변은 $F_{t+\tau}$와 F_t의 가중평균이다. 이 가중평균의 좋은 근사치가 $F_{t+\tau}$와 F_t의 중간치인 $F_{t+\theta}$(단, θ는 τ보다 작은 시차)와 같다고 가정할 수 있다. c가 상당히 작은 값일 가능성이 있으므로[5], θ는 τ와

---

[5] 자본스톡 K의 순환변동은 비율로 보면 상당히 작다. 따라서 이 요인으로 인한 이윤율의 변화 역시 작다. 그 결과 (11장에서 보겠지만 $\frac{\Delta K}{\Delta t}$가 경기순환의 어떤 국면에서는 상당히 중요할 수 있지만) 고정자본투자에서의 변동은 $\frac{\Delta K}{\Delta t}$의 변화보다는 S 및 $\frac{\Delta P}{\Delta t}$의 변화로 훨씬 더 많이 설명된다. 다시 말해서 $c\frac{\Delta K}{\Delta t}$ 변동의 진폭은 F 변동의 진폭보다 훨씬 작다. 그러나 $\frac{\Delta K}{\Delta t}$가 고정자본의 순투자이므로(그리고 감가상각 δ은 약간의 순환변동을 보이므로) 이것은 c가 1보다 작다는 것을 의미한다.

같은 차수order이다. 이제 우리는 다음과 같이 나타낼 수 있다.

$$F_{t+\theta} = \frac{a}{1+c}S_t + \frac{b}{1+c}\frac{\Delta P_t}{\Delta t} + \frac{c\delta+d}{1+c}$$

따라서 고정자본에 대한 투자의 결정요인은 과거 저축과 과거 이윤율의 변화로 축소된다. 자본설비스톡 증가의 부정적인 영향은 분모 $1+c$에 반영되어 있다. 방정식을 단순화하기 위하여 다음과 같이 나타내자.

$$\frac{b}{1+c} = b' \text{ 및 } \frac{c\delta+d}{1+c} = d'$$

그러나 $\frac{a}{1+c}$에 대해서는 그러한 약어를 사용하지 않는데 그 이유는 $F_{t+\theta}$가 a와 c(처음 방정식에서 각각 저축 S의 계수와 자본설비스톡의 변화율 $\frac{\Delta K}{\Delta t}$의 계수)에 의존한다는 것이 앞으로 계속되는 논의에서 중요하기 때문이다. 따라서 이제 우리의 방정식을 최종적으로 다음과 같이 나타낼 수 있다.

$$F_{t+\theta} = \frac{a}{1+c}S_t + b'\frac{\Delta P_t}{\Delta t} + d' \tag{17}$$

이제 우리는 이 방정식의 계수를 살펴볼 것이다. 상수항 d'은 장기 변화에 종속된다.[6] 이러한 변화에 영향을 미치는 요인에 대한 분석은 15장

---

[6] d'은 $\frac{c\delta+d}{1+c}$을 나타낸다. 113쪽에서 d는 장기 변화에 종속되는 상수라고 가정하였

에 있다. 그러나 앞으로 보겠지만, 그 값은 경기순환의 논의와 관계없다. 앞으로 보겠지만, 비록 계수 b'의 값이 순환변동의 특징을 결정하는 데 있어서 결정적으로 중요하지만, 계수 b'에 대한 사전적事前的 근거에 대해서는 아무것도 말할 수 없다. 이 단계에서 우리가 확실하게 가정할 수 있는 유일한 계수는 $\frac{a}{1+c}$이다.

총 현재저축 S의 증가 결과 투자결정 D가 얼마만큼 증가하는 지를 나타내는 계수 a는 여러 요인에 영향을 받을 것이다. 첫째, 투자결정과 관계있는 기업 '내부' 저축의 증가는 총저축의 증가보다 작다. 이 요인은 본질상 a를 1보다 작게 하는 경향이 있다. 다른 요인은 같은 방향으로 작용한다. 다른 모든 조건이 불변이면, 즉 총이윤이 불변이면 저축의 재투자는 어려움에 직면할 수 있는데 그 이유는 기업이 생산한 제품의 시장이 제한적이고 새로운 활동 영역으로의 확장은 상당한 위험을 수반하기 때문이다. 반면에 만약 투자가 바람직한 것으로 간주되면 '내부' 저축의 증가는 높은 이율에 기업의 외부 자금 조달을 가능하게 한다. 이 요인은 '내부' 저축의 증가보다 투자결정을 더 많이 증가시키는 경향이 있다.

c가 양수이므로 $\frac{a}{1+c}$는 a보다 작다. 위에서 설명한 바로는 이것은 증가하는 자본설비스톡이 투자결정에 미치는 부정적인 영향을 반영하고 있다. 다음과 같은 이유로 이 계수가 1보다 작다고 가정할 것이다.

다. 감가상각 δ는 경기순환의 과정에서 거의 변동하지 않지만, 장기에는 자본설비스톡에 따라 변한다.

다음에 보겠지만 $\frac{a}{1+c} > 1$이면 사실 경기순환이 전혀 발생하지 않을 것이고(11장 참조), 자본주의 경제의 장기발전은 우리가 알고 있는 과정과 다를 것이다(14장 참조). 더구나 1929~1940년 중 미국 자료의 분석 결과 $\frac{a}{1+c}$의 값이 1보다 훨씬 작았다. 계수 c가 상당히 작은 값이므로 (120쪽 참조) $\frac{a}{1+c} < 1$은 a가 1보다 상당히 클 수 없다는(물론 $a \leq 1$일 수도 있음) 것을 의미한다.

재고투자

고정자본에 대한 투자 분석에서 우리는 (17)식을 도출하였는데 이 식은 고정자본에 대한 투자결정이 경제활동 수준과 이 수준의 변화율의 함수라는 것을 나타내고 있다. 사실 이 방정식에서 이윤 증가율 $\frac{\Delta P}{\Delta t}$는 경제활동 수준의 변화율과 관계가 있지만 저축의 양 S는 경제활동 수준과 관련되어 있다. 이런 이유로 변화율에만 근거하고 있는 '가속도 원리'는 고정자본투자를 설명하는데 부적합하다. 그러나 재고투자에 대해서는 '가속도 원리'가 합리적인 가정인 것 같다. 재고량의 변화율은 생산량 변화율이나 판매량 변화율에 대개 비례한다고 가정하는 것은 사실 그럴듯하다. 그러나 재고변화의 실증연구는 원인과 결과 사이에 의미 있는 시차가 분명히 발견되는 것을 보여주고 있다. 재고 일부분은 비축의 역할을 하고 총재고 회전속도를 일시적으로 증가시키는 것이 가능하므로 생산과 판매의 증가는 재고 증가의 즉각적인 필요를 가져오는 것은 아니라는 사실로 이것을 설명한다. 재고가 새로운 높은 수준의 생산에 조정되는 것은 일정 시간이 지난 이후이다. 유사하게 생산이 하락할 때 재고량도 그에 따라 감소하지만, 일정한 시간이 지난 후에 감소하고 그 동안 재고의 회전속도는 하락한다.

자본의 이용 가능성이 재고투자에서는 고정자본투자에서만큼 중요한 역할을 하는지에 대한 의문이 생긴다. 다시 말해서 재고투자는 생산의 변화율뿐만 아니라 새로운 저축의 유입에도 의존한다고 우리가 가정해서는 안 되는지에 대한 의문이 생긴다. 그러나 일반적으로 그렇지는 않은 것 같은데 그 이유는 재고는 반¾유동자산이고 생산 및 판매에 보조를 맞추는 확장 자금을 조달하기 위해 단기 신용에 의존할 수 있기 때문이다.

위의 설명에 비추어 볼 때 재고투자 J를 민간부문의 생산 변화율 $\frac{\Delta O}{\Delta t}$과 어느 정도 시차를 두고 연결할 수 있다. 이용 가능한 정보로는 이 시차는 고정자본투자에서의 시차인 τ와 유사한 차수order인 것 같다. 단순화를 위해 재고 시차는 τ와 같은 차수인 θ와 같다고 가정할 것이다 (120쪽 참조). 따라서 재고투자를 다음과 같이 나타낼 수 있다.

$$J_{t+\theta} = e\frac{\Delta O}{\Delta t} \tag{18}$$

계수 e와 시차 θ는 실제로 평균이라는 것에 유의해야 한다. 재고 변화와 생산 변화의 관계는 재화에 따라 매우 다르며 재고변화는 (O_t에 포함된) 서비스 생산의 변화와 직접적인 관계를 맺고 있지 않다. 만약 e에 어떤 안정성을 조금이라도 기대할 수 있다면 그것은 단지 민간부문 총생산 O의 여러 구성 요소 변동 간의 상관관계에 기초한 것이다.

판매되지 않은 재화의 축적 현상은 (18)식의 시차 θ에 의해 부분적으로 설명된다는 것에 유의해야 한다. 사실 판매량의 증가가 멈추고 하락하기 시작할 때 우리의 공식에 따라 재고는 당분간 계속 상승할 것이다. 그러나 그러한 상황에서 판매되지 않은 재화의 축적은 이 공식이 제시하는 것보다 더 큰 규모로 지속할 수 있다는 것을 부정하는 것은 아니다. 공식과의 편차는 경기순환이론 전반에 대해 심각한 영향을 미치는 것은 아닌데 그 이유는 이 '비정상적인' 재고 축적은 상대적으로 단기에 흔히 정리되기 때문이다.

총투자 공식

위에서 고정자본투자 F와 재고투자 J에 대한 다음의 공식을 얻은 바 있다.

$$F_{t+\theta} = \frac{a}{1+c} S_t + b' \frac{\Delta P_t}{\Delta t} + d' \tag{17}$$

$$J_{t+\theta} = e \frac{\Delta O}{\Delta t} \tag{18}$$

이 두 방정식을 더하면 총투자 I에 관한 다음의 공식을 얻는다.

$$I_{t+\theta} = \frac{a}{1+c} S_t + b' \frac{\Delta P_t}{\Delta t} + e \frac{\Delta O_t}{\Delta t} + d' \tag{19}$$

우변의 S_t는 t기의 경제활동 수준에 의존하는 반면에 $\dfrac{\Delta P_t}{\Delta t}$ 및 $\dfrac{\Delta O_t}{\Delta t}$는 이 수준의 변화율에 의존한다. 따라서 우리의 이론에 의하면 총투자는 몇 기 이전의 경제활동 수준과 이 수준의 변화율에 의존한다.

10 통계적 예시

시차 문제

이제 우리는 투자 방정식을 1929~1940년 중 미국 자료에 적용할 것이다. 이 시점에서 중요한 문제는 시차 θ의 결정이다.

고정자본투자나 재고투자에서 이 시차가 1년보다 크거나 반년보다 작다고 가정하는 것은 비합리적인 것 같다. 고정자본투자에 대해서는 좀 더 긴 시차를 가정하는 사람도 있다. 그러나 고정자본투자에 대한 미국 통계는 설비 선적shipment of equipment과 건설의 '시행 가치value put in place'에 의존한다. 여러 건축물의 작업이 다르게 진척되는 후자의 경우 시차는 시작과 종료의 중간 정도이다. 물론 이것은 미국 자료의 분석에 적용할 수 있는 시차는 1년 이상이어야 한다는 기회를 상당히 축소한다(건설은 고정자본투자의 약 50%를 설명한다). 반면에 만약 θ 역시 투자결정을 결정하는 요인들에 대한 기업가의 지체된 반응을 포함한다는 것을 고려하면 이 시차가 특별히 반년 미만이라고 가정하기는 어렵다. 재고도 마찬가지이다. 재고의 이동에 관해 알려진 바로는 시차가 반년 미만이라고 가정하는 것은 어렵다. 반면에 이 때 1년 이상의 시차는 분명히 비합리적인 것 같다.

시차 θ의 한계를 고정하더라도 이 한계 내에서 '올바른' θ를 선택하는 문제가 아직 남아 있다. 그러나 이것은 불가능한 일인 것 같다. 고정자본투자의 경우 저축으로 한 투자와 이윤의 변화율 간의 합리적인 이중상관계수로 우리는 1년 시차를 얻는다. 반년의 시차로 투자와 저축의 근소한 상관관계를 얻지만, 이윤의 변화율은 명백한 영향이 없다. (1년 시차의 경우 이 상관계수는 이중상관계수보다 훨씬 더 크다.) 그러나 이 관계가 꼭 맞기는 하지만 매우 합리적인 것 같지는 않다. 위의 이론에 의하면 이윤 변화율은 최소한 어느 정도 영향력을 미쳐야 한다는 사실은 그렇다 하더라도 고정자본투자와 같은 그러한 복잡한 현상이 한 변수에 의해서 그렇게 완벽하게 결정되어야 한다는 것은 그럴듯하지 않다.[1]

재고투자와 총생산 변화율 간의 상관관계는 반년 시차의 경우보다 1년 시차의 경우가 더 크다. 그러나 반년 시차의 경우 낮은 상관계수는 1930년의 재고투자가 회귀선보다 상당히 위에 있다는 사실 때문이라는 것을 보게 될 것이다. 1930년이 불황기의 최초 연도이므로 생산의 전환점 바로 직후 재고조정에 보통과 달리 긴 지체가 있었다고 해석될 수 있다(125쪽 참조). 따라서 반년 시차 경우 상관계수는 훨씬 낮기는 하지

---

[1] 투자결정과 실제 투자 간의 시차를 결정하는데 '적합도(goodness of fit)' 기준을 적용하는 위험을 극단적인 경우를 통해 보여줄 수 있다. 대외거래 및 예산이 균형을 이루고 재고량이 몇 년 동안 안정적이라고 가정하자. 그러면 이 기간에 저축은 고정자본투자와 같다. 따라서 (17)식의 '최적 적합(best fit)'은 $\theta = 0$일 때 얻어진다. 그러면 $\frac{a}{1+c} = 1$, $b' = 0$, 그리고 $d' = 0$가 되어 '회귀방정식'은 $F_t = S_t$이 된다. 물론 '상관계수'는 1이다.

만 반년 시차가 1년 시차보다 적합성이 떨어진다고 말하기는 어렵다. 위의 논의는 여기서 '적합도'는 시차를 결정하는 좋은 기준이 아니라는 것을 지적하고 있다. 이러한 사정으로 유일한 해결책은 반년의 시차와 1년의 시차에 근거한 두 개의 다른 투자방정식을 구하는 것이다.

고정자본투자

우리는 먼저 두 개의 다른 고정자본투자를 살펴볼 것이다. 따라서 먼저 $\theta = 1$을 가정하고, 다음은 $\theta = \frac{1}{2}$을 가정하여 다음의 (17)식을 적용한다.

$$F_t = \frac{a}{1+c}S_{t-\theta} + b'\frac{\Delta P_{t-\theta}}{\Delta t} + d' \qquad (17)$$

표 20은 $\theta = 1$일 경우 관련 자료를 나타내 주고 있다. (분석 기간은 1930~1940년인데 그 이유는 저축 S 및 이윤 P가 과거 연도이어서 1929년이 없기 때문이다.)

고정자본투자의 값 F_t와 전년도 총저축의 합의 값 S_{t-1}은 투자재 가격지수로 디플레이트하였다.[2] $\frac{\Delta P}{\Delta t}$ 계열을 결정하는데 가장 큰 어려움

---

[2] 우리는 62쪽에서는 총저축에 중개수수료를 포함하였는데 여기서는 그렇게 하지 않는다. 거기서 지적한 것처럼 중개수수료는 자본지출의 한 형태이지만 자본가의 총자산을 증가시키지 않고 따라서 재투자에 이용 가능한 기업자본을 창출하지 않

이 있었다. 이 문제는 다음과 같이 해결하였다. 1928/1929, 1929/1930, 1930/1931 등 연도의 중간값을 이용하여 투자재 가격지수로 디플레이트된 세후 총이윤이 값을 추정하였다.[3] 1929년 이윤증가율은 1929/1930 및 1928/1929의 차이로 계산하였다. 또는 다르게 말하면 전년도의 이윤변화율 $\frac{\Delta P_{t-1}}{\Delta t}$는 $P_{t-\frac{1}{2}} - P_{t-\frac{3}{2}}$로 계산되었다.

고정자본투자 F_t와 전년도 저축 S_{t-1}, 그리고 전년도 이윤증가율 $P_{t-\frac{1}{2}} - P_{t-\frac{3}{2}}$의 상관관계는 이제 바로 구할 수 있다. 회귀식은 다음과 같다.

$$F_t = 0.634 S_{t-1} + 0.293 (P_{t-\frac{1}{2}} - P_{t-\frac{3}{2}}) + 1.76$$

이중상관계수는 0.904이다. F_t와 S_{t-1}의 편상관계수partial correlation coefficient는 0.888이고, F_t와 $P_{t-\frac{1}{2}} - P_{t-\frac{3}{2}}$의 편상관계수는 0.684이다. 이 회귀식으로부터 계산한 투자 F_t는 실제 F_t와의 비교를 위해 표 20의 마지막 열에 주어져 있다.[4] S의 계수는 0.634이고 따라서 (17)식에서

는다. 이러한 이유로 표 20에서 S는 표 13의 I'과 같지 않다. 이 차이가 발생하는 또 다른 이유는 표 13에서 I'는 민간부문 총소득의 디플레이션에 내재된 지수로 디플레이트되었지만 S는 투자재 가격으로 디플레이트되었다는 것이다.

[3] 통계 부록의 주 12 및 주 13을 참조하라.
[4] 뚜렷한 추세가 나타나지 않는다. 이것이 상관분석에서 추세를 고려하지 않는 이유이다.

$\dfrac{a}{1+c}$이 1보다 작다는 우리의 가정(121쪽 참조)에 따르고 있다.

[표 20] 고정자본투자의 결정요인: 미국(1930~1940)

연도	$\theta = 1$ 가정			
	고정자본투자 F_t	총저축 S_{t-1}	세후 총이윤 변화율 $P_{t-\frac{1}{2}} - P_{t-\frac{3}{2}}$	고정자본투자 (계산값)
	(십억 달러, 1939년 기준)*			
1930	10.2	14.6	-2.1	10.4
1931	7.1	10.9	-6.6	6.7
1932	4.0	8.9	-6.3	5.6
1933	3.5	3.3	-5.4	2.3
1934	4.4	3.3	2.6	4.6
1935	5.8	6.2	2.9	6.5
1936	7.9	8.8	3.5	8.4
1937	9.3	12.0	2.0	10.0
1938	7.2	11.0	-1.7	8.2
1939	9.5	8.8	-0.7	7.1
1940	11.4	12.7	2.3	10.5

* 투자재 가격지수로 디플레이트함

출처: *Department of Commerce*, National Income Supplement to the Survey of Current Business, 1951. 자세한 내용은 통계 부록 주 10, 주 11, 주 12 및 주 13을 보라.

이제 우리는 $\theta = \dfrac{1}{2}$인 경우를 고려할 것이다. 위에서 설명한 것처럼 이 경우 이윤변화와의 편상관은 무시될 수 있는 것 같다. 따라서 표 21은 F_t와 $\dfrac{S_{t-1} + S_t}{2}$로 근사치가 계산된 $S_{t-\frac{1}{2}}$만 나타내고 있다.

회귀식은 다음과 같다.

$$F_t = 0.726 S_{t-1} + 0.29$$

상관계수는 0.972로서 $\theta = 1$인 경우 이중상관계수보다 더 크다. 회귀식으로부터 계산된 F_t의 값이 표 21에 주어져 있다. 여기서 $\frac{a}{1+c}$ 의 계수는 0.762로서 $\frac{a}{1+c}$ 이 1보다 작다는 우리의 가정과 일치한다.

[표 21] 미국 고정자본투자의 결정요인(1930~1940)

연도	고정자본투자 F_t	$\theta = \frac{1}{2}$ 가정 총저축 $S_{t-\frac{1}{2}}$	고정자본투자 (계산값)
	(십억 달러, 1939년 기준)		
1930	10.2	12.8	10.0
1931	7.1	9.9	7.8
1932	4.0	6.1	5.0
1933	3.5	3.3	2.8
1934	4.4	4.8	3.9
1935	5.8	7.5	6.0
1936	7.9	10.4	8.2
1937	9.3	11.5	9.1
1938	7.2	9.9	7.8
1939	9.5	10.8	8.5
1940	11.4	14.2	11.1

출처: *Department of Commerce*, National Income Supplement to Survey of Current Business, 1951. 자세한 내용은 통계 부록 주 10 및 주 11을 보라.

실제 F_t와 회귀식으로부터 계산된 값이 **그림 9**의 상관도로 그려져 있는데 가로축은 계산된 값이고 세로축은 실제값이다. 회귀선은 원점을 지나는 45°선으로 그려진 직선이다.

몇몇 학자들은(예를 들면, 나와 Kaldor) 고정자본투자가 호황기에 일정한 수준에 도달한 후에 고정자본투자결정요인에 반응하여 호황기 초기보다는 서서히 증가하고[5] 유사한 현상이 불황기에도 발생한다는 가정을 해 왔다. 다음의 산포도는 이 가정을 지지하지 않는 것 같다.

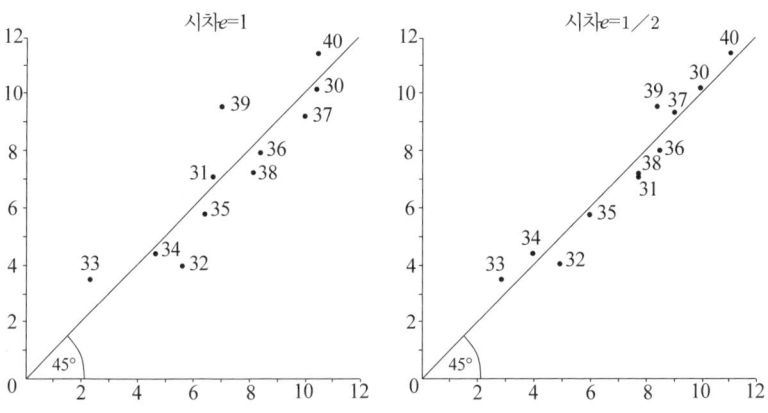

그림 9. 미국 고정자본투자의 실제값 및 계산된 값의 산포도(1929~1940)

재고투자

먼저 우리는 $\theta = 1$인 경우를 고려하자. 표 22는 재고의 양적 변화 J와

---

[5] 이 경향은 투자재 산업의 병목 단계가 도달하기 전에서도 나타나는 것으로 가정하였다.

전년도 민간부문 생산 또는 총생산의 변화율 $\frac{\Delta O_{t-1}}{\Delta t}$를 나타내 주고 있다.[6] 후자는 (표 20에서 이윤증가율의 경우처럼) $O_{t-\frac{1}{2}} - O_{t-\frac{3}{2}}$로 계산되었다.

전년도 생산 변화율과 관련하여 재고투자 J의 회귀식은 다음과 같다.

$$J_t = 0.215(O_{t-\frac{1}{2}} - O_{t-\frac{3}{2}}) - 0.08$$

상관계수는 0.913이다. (상수항 -0.08이 있는 이유는 생산이 변하지 않더라도 재고는 변한다는 것을 의미한다. 생산의 변화로 발생하는 변화 외에 단위 시간당 재고는 -0.08만큼 변한다. 다시 말해서 -0.08은 재고의 추세 계수이다. 분석 기간 중 생산 변동 때문에 유발된 변화와 비교하면 추세는 무의미하다.) 실제치와의 비교를 위해 회귀식으로부터 계산된 J_t가 표 22에 주어져 있다.

---

[6] 여기서 재고변화 J와 민간부문 총생산 변화 O는 모두 농가자산목록(farm inventory, 역자 주: 토지, 건물, 가축 등의 자산을 항목별로 기술한 목록) 변화를 다음과 같은 이유로 제외하고 있다. 농가자산목록은 민간부문의 총생산 변화와 관계없는 농작물의 변화에 영향을 받고 이는 또한 기후변화에 영향을 받는다. 민간부문 총생산에서 차지하는 농업의 비중은 새로운 수확물의 많은 부분이 아직 팔리지 않은 연말에 총재고에서 차지하는 농가자산목록의 비중보다 훨씬 작다. 이 때문에 교란 요인이 발생한다. 총생산과 재고의 총변화에서 모두 농가자산목록을 제외함으로써 우리는 이 요인을 거의 제거한다. 이 방법으로 농업생산의 변화 및 총생산의 변화 영향이 상당히 축소되고 총생산에서 차지하는 농업생산의 비중이 작으므로 위에서 설명한 조정을 거친 총생산의 변화는 비농업생산 변화의 좋은 근사치를 준다. 이러한 처리방법은 농업생산의 순환변동이 그렇게 중요하지 않은 경제모형에 맞으며 방법론의 관점에서 볼 때도 합리적이다.

[표 22] 미국 재고투자의 결정요인(1930~1940)

연도	$\theta=1$ 가정		
	재고투자* J_t	민간부문 총생산 변화율 $O_{t-\frac{1}{2}} - O$	재고투자 (계산값)
	(십억 달러, 1939년 기준)		
1930	0	-0.9	-0.3
1931	-1.4	-8.8	-2.0
1932	-3.0	-8.5	-1.9
1933	-1.5	-8.9	-2.0
1934	0.6	8.7	1.8
1935	0.5	2.6	0.5
1936	2.3	7.0	1.4
1937	1.7	8.6	1.8
1938	-1.1	-2.2	-0.6
1939	0.3	1.3	0.2
1940	2.1	7.7	1.6

* 농가자산목록(farm inventory) 제외

출처: *Department of Commerce*, National Income Supplement to the Survey of Current Business, 1951. 자세한 내용은 통계 부록 주 14 및 주 15를 보라.

$\theta = \frac{1}{2}$ 인 경우 우리는 재고투자 J_t를 $O_t - O_{t-1}$와 관련시킬 것이다. 사실 $O_t - O_{t-1}$는 전년도의 중간 대비 총생산의 증가율을 준다. 따라서 J_t와 $O_t - O_{t-1}$의 시차는 반년이다. 관련 자료가 **표 23**에 주어져 있다. 회귀식은 다음과 같다.

$$J_t = 0.194(O_t - O_{t-1}) - 0.13$$

[표 23] 미국 재고 변화의 결정요인(1930~1940)

연도	$\theta = \frac{1}{2}$ 가정		
	재고투자* J_t	민간부문 총생산 변화율 $O_t - O_{t-1}$	재고투자 (계산값)
	(십억 달러, 1939년 기준)		
1930	0	-8.0	-1.7
1931	-1.4	-6.3	-1.4
1932	-3.0	-10.0	-2.1
1933	-1.5	-0.5	-0.2
1934	0.6	6.5	1.1
1935	0.5	3.8	0.6
1936	2.3	10.1	1.8
1937	1.7	3.2	0.5
1938	-1.1	-4.2	-0.9
1939	0.3	7.3	1.3
1940	2.1	8.3	1.5

* 농가자산목록(farm inventory) 제외

출처: Department of Commerce, National Income Supplement to Survey of Current Business, 1951. 자세한 내용은 통계 부록 주 14를 보라.

여기서 상관계수는 단지 0.828로 $\theta = 1$인 경우보다 상당히 작다. (여기서 -0.13인 상수항의 중요성은 위에서 이미 설명하였다.) J_t와 방정식으로부터 계산된 값(표 23 참조)을 비교해 보면 1930년에 상당한 차이를 보인다. 상대적으로 낮은 상관계수는 주로 이 차이 때문이다. 위에서 제시한 것처럼 1930년 재고투자가 비정상적으로 높은 수준을 보이는 것은 이상한데 그 이유는 그 해가 생산의 전환점 이후 첫해이기 때문이다.

총투자

이제 우리는 $\theta = \frac{1}{2}$ 또는 $\theta = 1$일 때 각각의 고정자본투자 및 재고투자 회귀식을 합하여 총투자 I_t의 방정식을 얻을 수 있다. $\theta = 1$인 경우 우리는 다음의 방정식을 얻는다.

$$I_t = 0.634 S_{t-1} + 0.293 (P_{t-\frac{1}{2}} - P_{t-\frac{3}{2}}) + 0.215 (O_{t-\frac{1}{2}} - O_{t-\frac{3}{2}}) + 1.68$$

또한, $\theta = \frac{1}{2}$인 경우 우리는 다음의 방정식을 얻는다.

$$I_t = 0.762 S_{t-\frac{1}{2}} + 0.194 (O_t - O_{t-1}) + 0.16$$

두 방정식에 따르면 총투자는 경제활동의 수준 및 몇 기 이전 경제활동 수준의 변화율에 의존한다.

5부

경기순환

11 경기순환과정

동태적 과정의 결정 방정식

이 장에서는 대외거래와 정부 예산은 균형을 이루고 있고 노동자들은 저축하지 않는다고 가정한다. 5장에서 보여준 바 있지만 이러한 가정 하에 경제활동의 수준은 투자로 결정된다. 또한, 9장에서 보여준 것처럼 투자는 경제활동 수준과 그 변화율에 의해 시차를 두고 결정된다. 따라서 특정 시점에서의 투자는 이전 시기의 투자수준과 그 변화율에 의해 결정된다. 다음에서 보여주겠지만 이러한 가정이 동태적 경제과정의 분석에 대한 기초를 제공해 주며 특히 이 가정으로 인해 동태적 경제과정이 순환변동cyclical fluctuation을 포함한다는 것을 보여줄 수 있다.

균형 대외거래와 균형 정부예산이라는 가정 외에 명목투자를 실질투자로 조정해 주는 가격지수(역자 주: 이를 디플레이터라고 함)와 민간부문에서 명목총생산을 실질총생산으로 조정해 주는 가격지수가 같다고 가정할 것이다. 투자재와 소비재 가격 비율의 순환변동이 상당히 작다는(24쪽 참조) 것을 고려해 보면 터무니없는 가정은 아니다. 동시에 이 가정으로 인해 모형이 상당히 단순해진다. 사실 비록 같은 재화라 하더라도 다른 용도로 사용될 경우 다른 디플레이터를 사용하는 것이 필요하다는 것을 앞에서 보여준 바 있다. 그래서 4장과 5장에서 민간부문의 총생산을 디플레이트하기 위해 사용된 가격지수를 투자, 저축, 이윤을 디플레이트할 때 사용하였다. 그러나 9장에서 고정자본, 투자, 저축, 이윤은 투자재 가격지수로 모두 디플레이트되었다. 그러나 이제 디플레이터가 같은 것으로 가정하기 때문에 '실질' 투자, 저축 및 이윤은 한 가지 의미만을 가진다.

이제 경기순환(역자 주: 일반적으로 거시시계열은 추세변동과 추세로부터 이탈을 보여주는데 현대경제학에서 추세변동을 설명하는 것이 경제성장론이고, 추세로부터의 이탈을 설명하는 것이 경기순환론이며, 추세변동과 추세로부터의 이탈을 포괄한 것을 설명하는 것이 경제변동론으로 이해한다)과 관련된 방정식을 고려해 보자. 균형 대외거래와 균형 정부예산이라는 가정으로부터 저축은 투자와 같다.

$$S = I$$

동일한 가정에 따라 4장으로부터(59쪽 참조) 세후 이윤인 P를 과거 투자와 관계를 나타내 주는 방정식을 도출할 수 있다.

$$P_t = \frac{I_{t-w} + A}{1-q} \tag{8'}$$

이 방정식은 (a) 이윤은 투자와 자본가 소비의 합이며(역자 주: 이에 대한 자세한 설명은 이 책 3장 이윤의 결정요인에서 설명하고 있음), (b) 자본가 소비와 이전 시기 이윤의 관계에 근거하고 있다. (A는 자본가 소비의 안정적인 부분이고 q는 이윤 증가분 중에서 소비가 차지하는 계수를 나타낸다.)

이 외에도 5장의 방정식 (10)과 (9″)로부터(77쪽 참조) 총생산 O와 세후 이윤 P의 다음과 같은 관계가 도출된다.

$$O_t = \frac{P_t + B'}{1 - \alpha'} + E \tag{10'}$$

이 방정식은 (a) 국민소득의 분배를 결정하는 요인, (b) 이윤세 제도, (c) 간접세 수준을 나타내 준다. (상수항 B'과 계수 α'은 각각 '소득분배요인'과 이윤세 제도를 나타내고, 상수항 E는 총간접세를 나타낸다.)

마지막으로 9장에서 다음과 같은 투자결정 방정식을 도출한 바 있다.

$$I_{t+\theta} = \frac{a}{1+c} S_t + b' \frac{\Delta P_t}{\Delta t} + e \frac{\Delta O_t}{\Delta t} + d' \tag{19}$$

이 방정식은 (a) 한편으로는 고정자본에 대한 투자와 저축의 관계(물론 일정한 시차를 둔 관계) 또 다른 한편으로는 이윤의 변화율과 자본설비 스톡의 변화율(자본스톡 변화율의 영향은 위 방정식에서 $\frac{a}{1+c}$ 계수의 분모에 반영되어 있음)의 관계, (b) 재고투자와 생산 변화율의 관계를 나타내 준다.

방정식 (19)는 저축과 투자가 같다는 가정에 따라 다음과 같은 식이 된다.

$$I_{t+\theta} = \frac{a}{1+c} I_t + b' \frac{\Delta P_t}{\Delta t} + e \frac{\Delta O_t}{\Delta t} + d' \tag{20}$$

경기순환 방정식

방정식 (8'), (10') 및 (20)은 일반적인 동태적 과정에 적용된다. 그러나 현 단계에서는 장기발전과정process of long-run development과 구별되는 경기순환과정process of business cycle에 집중하고자 한다. 그러기 위해서 장기발전에 종속되지 않는 시스템 즉 순환변동이 있기는 하지만 정태적 시스템을 고려할 것이다. 14장에서 보여주겠지만, 실제 동태적 과정actual dynamic process은 (a) 아래에서 설명될 정태적 시스템에서의 순환변동 형태와 같은 순환변동 형태, (b) 평탄한 장기 추세로 분해될 수 있다.

여기서 논의되는 시스템이 '정태적' 시스템이 될 수 있도록 이 책 전체를 통해서 장기적으로 변화하고 있다고 가정했던 모수 A, B' 및 E가 상수라고 가정할 것이다. 그러면 방정식 (8')으로부터 다음의 식이 도출된다.

$$\frac{\Delta P_t}{\Delta t} = \frac{1}{1-q}\frac{\Delta I_{t-\omega}}{\Delta t}$$

그리고 방정식 (10')으로부터 다음의 방정식이 도출된다.

$$\frac{\Delta Q_t}{\Delta t} = \frac{1}{1-\alpha'}\frac{\Delta P_t}{\Delta t}$$

또는

$$\frac{\Delta Q_t}{\Delta t} = \frac{1}{(1-q)(1-\alpha')}\frac{\Delta I_{t-\omega}}{\Delta t}$$

이윤 변화율과 생산 변화율 모두 여기서는 일정한 시차를 두고 있기는 하지만 투자 변화율의 함수로 나타나 있다. 위에서 도출된 $\frac{\Delta P_t}{\Delta t}$ 및 $\frac{\Delta Q}{\Delta t}$를 방정식 (20)에 대입하면 다음과 같은 식이 된다.

$$I_{t+\theta} = \frac{a}{1+c}I_t + \frac{b'}{1-q}\frac{\Delta I_{t-\omega}}{\Delta t} + \frac{e}{(1-q)(1-\alpha')}\frac{\Delta I_{t-\omega}}{\Delta t} + d'$$

또는

$$I_{t+\theta} = \frac{a}{1+c}I_t + \frac{1}{1-q}\left(b' + \frac{e}{1-\alpha'}\right)\frac{\Delta I_{t-\omega}}{\Delta t} + d' \tag{21}$$

따라서 $t+\theta$기의 투자는 t기 투자와 $t-\omega$기 투자 변화율의 함수이다. 위 방정식 우변의 첫째 항은 현재 저축의 투자결정에 미치는 영향(계수 a)과 자본설비의 증가에 미치는 부(-)의 영향(계수 $\frac{1}{1+c}$)을 나타낸다. 그리고 $\frac{a}{1+c} < 1$임을 기억하라. 한편, 둘째 항은 이윤 변화율의 영향(계수 $\frac{b'}{1-q}$)과 생산 변화율의 영향(계수 $\frac{e}{(1-q)(1-\alpha')}$)을 나타낸다.

장기 변화를 일단 고려하지 않는다고 하고 이에 따라 A, B' 및 E는 상수라고 위에서 가정한 바 있다. d'에 대해서도 같은 가정이 적용되어야 하는데 만약 시스템이 '정태적'이기 위해서는 d'의 수준이 추가로 다른 조건을 충족시켜야만 한다는 것을 보여 줄 것이다. 사실 그러한 '정태적' 시스템은 투자가 감가상각인 δ와 같은 수준에서 정지할 수 있어야 한다 (역자 주: 이를 균제상태(steady-state)로 해석할 수 있음). 이 상태에서 투자 I는 δ의 수준에서 영구히 안정적이어서 $\frac{\Delta I}{\Delta t}$는 물론 0이 된다. 따라서 방정식 (21)은 다음과 같은 간단한 식이 된다.

$$\delta = \frac{a}{1+c}\delta + d' \qquad (22)$$

이것이 장기 변화가 없다는 의미에서 시스템이 정태적이 되기 위해 d'이 충족해야만 하는 조건이다. 방정식 (21)에서 방정식 (22)를 빼면 다음과 같은 식이 된다.

$$I_{t+\theta} - \delta = \frac{a}{1+c}(I_t - \delta) + \frac{1}{1-q}(b' + \frac{e}{1-\alpha'})\frac{\Delta I_{t-\omega}}{\Delta t}$$

감가상각과 투자의 차이인 $I_t - \delta$를 i라고 하자. δ가 상수이고[1] $\frac{\Delta i}{\Delta t} = \frac{\Delta I}{\Delta t}$이므로 위 방정식은 다음과 같은 식이 된다.

$$I_{t+\theta} = \frac{a}{1+c}i_t + \frac{1}{1-q}(b' + \frac{e}{1-\alpha'})\frac{\Delta i_{t-\omega}}{\Delta t} \qquad (23)$$

이 식은 경기순환과정mechanism of the business cycle 분석의 기초적인 역할을 하는 방정식이다. 편의상 $\frac{1}{1-q}(b' + \frac{e}{1-\alpha'})$를 μ라고 하자. 그러면 방정식 (23)은 다음과 같은 식이 된다.

---

[1] 사실 감가상각 δ는 순환과정에서 약간 변동을 보이기는 하지만 δ를 감가상각수준의 평균으로 이해할 수 있을 것이다.

$$i_{t+\theta} = \frac{a}{1+c}i_t + \mu \frac{\Delta i_{t-\omega}}{\Delta t} \tag{23'}$$

자동적인 경기순환

여기서는 방정식 (23')에 내재해 있는 순환 경향에 대해 논의할 것이다. 이 모든 논의 과정에서 $\frac{a}{1+c} < 1$의 가정은 매우 중요하다.

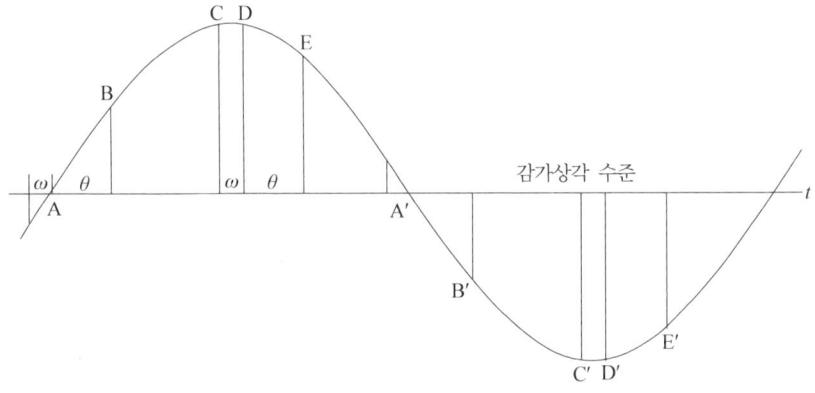

그림 10. 가상적인 투자의 시간 곡선

투자가 감가상각과 같은 A점 즉 $i_t = 0$에서 시작한다고 가정해 보자 (그림 10 참조). 또한, $\frac{\Delta i_{t-\omega}}{\Delta t} > 0$ 라고 가정해 보자. 이것은 A점에 도달하기 전에는 투자가 감가상각 수준에 미치지 못하지만, 그 수준으로 증가하고 있다는 것을 의미한다. 이제 $i_{t+\theta}$가 양수라는 것이 명백해지는데 그 이유는 방정식 (23')의 우변 첫째 항 $\frac{a}{1+c}i_t$가 0이고($\frac{a}{1+c}i_t = 0$),

둘째 항 $\mu\dfrac{\Delta i_{t-\omega}}{\Delta t}$가 양이기($\mu\dfrac{\Delta i_{t-\omega}}{\Delta t} > 0$)이기 때문이다. 다시 말해서, i가 감가상각 수준 이상인 B점으로 증가했다는 것이다.

그러나 일단 i가 양수가 되면 그 값의 지속적인 증가 여부 즉 $i_{t+\theta}$가 i보다 더 큰지 아닌지는 $\dfrac{a}{1+c}$와 μ의 계수 값에 달려 있다. 사실 방정식 (23')에서 $i_{t+\theta}$의 첫째 항 즉 $\dfrac{a}{1+c}i_t$는 i_t보다 작은데 그 이유는 $\dfrac{a}{1+c}$가 1보다 작다고 가정하고 있기 때문이다. 이 때문에 $i_{t+\theta}$가 i_t의 수준보다 낮게 되려는 경향이 있다. 반면에 둘째 항 즉 $\mu\dfrac{\Delta i_{t-\omega}}{\Delta t}$는 양수인데 그 이유는 i가 i_t 수준에 도달하기 전에는 증가하며 이 때문에 $i_{t+\theta}$가 i_t 수준 이상으로 증가하는 경향이 있기 때문이다. 따라서 두 가지 경우가 있다. 하나는 $\dfrac{a}{1+c}$와 μ의 계수가 투자증가를 최종적으로 C점에서 멈추도록 하는 것이다. 다른 하나는 기존 생산능력 또는 가용 노동력의 부족으로 더 상승하는 것이 어려워지는 수준에 경제활동이 도달할 때까지 투자증가가 계속되는 것이다.

먼저 첫 번째 경우를 고려해 보자. 투자가 C점에서 멈추게 되면 더 이상 그 수준을 유지할 수 없게 되고 D점에서 E점으로 하락해야 한다. 사실 i의 최고수준을 i_{top}이라고 하면 D점에서는 다음이 성립한다.

$$i_t = i_{top};\ \dfrac{\Delta i_{t-\omega}}{\Delta t} = 0$$

따라서 E점에서 $i_{t+\theta}$를 살펴보면 $\mu\dfrac{\Delta i_{t-\omega}}{\Delta t}$는 0이고 $\dfrac{a}{1+c}i_{top}$은 i_{top}보다 작게 되는데 그 이유는 $\dfrac{a}{1+c}$가 1보다 작기 때문이다. 결론적으로 $i_{t+\theta}$는 i_{top}보다 작고 투자는 최고점에서 E점으로 하락한다.

계속해서 투자는 하락하는데, 즉 $i_{t+\theta}$는 i_t보다 낮게 되는데 여기에는 두 가지 이유가 있다. 하나는 $\dfrac{a}{1+c}i_t$가 i_t보다 낮게 되는 이유이고 다른 하나는 $\mu\dfrac{\Delta i_{t-\omega}}{\Delta t}$가 음수가 되기 때문이다. 이러한 방법으로 i는 결국 0이 된다. 다시 말해서 투자는 감가상각 수준으로 하락할 것이다.

그 이후 호황기의 유형이 불황기에서는 정반대의 유형으로 반복될 것이다. 투자가 A'점에서 감가상각 수준보다 낮은 수준으로 진입하게 되면 투자 하락은 C'점에 도달할 때까지 계속된다. 그러나 투자는 C'점에서 머물지 않고 D'점에서 E'점으로 증가하고 결국 감가상각 수준으로 회복될 것이다.

투자의 이러한 변동은 소득, 생산 및 고용의 변동을 가져올 것이다. 투자가 한편으로는 실질총소득과 관계가 있고 다른 한편으로는 민간부문의 생산과 관계가 있는데 이에 대한 설명은 5장에서 이미 한 바 있다. (본 장의 155~157쪽을 참고하라.)

위에서 설명한 경기순환과정은 다음의 두 가지 요소에 근거하고 있다.

(a) 투자가 감가상각 수준보다 낮은 곳으로부터 감가상각 수준에 도달하면(A점) 투자는 이 수준에 머물지 않고 감가상각 수준보다 높은 수준으로 계속 증가한다. 이러한 현상이 발생하는 이유는 감가상각 수준에

도달하기 전의 투자 증가(궁극적으로 이윤과 총생산의 증가)가 다음 기 투자를 다음 기 감가상각 수준보다 높게 하기 때문이다. 투자가 감가상각 수준에 있고 또한 최근 수준에서 변화가 없을 때만 정태적 균형static equilibrium이 존재한다. 두 번째 조건은 A점에서는 성립이 안 되는데 이것이 바로 투자가 지속해서 상승하는 이유이다. 투자가 감가상각 수준보다 높은 곳으로부터 감가상각 수준에 도달하면(A'점) 상황은 유사하게 되는데 즉 투자는 이 수준에 머물지 않고 감가상각 수준보다 낮은 수준으로 계속 하락한다.

(b) 상승추세에 있는 투자가 멈추게 되면 투자는 그 수준에서 머물지 않고 하락하기 시작한다. 그 이유는 $\frac{a}{1+c}$가 1보다 작기 때문인데 이것은 증가하고 있는 자본설비($c > 0$)가 투자에 미치는 부정적인 영향과 저축의 불완전한 재투자(만약 $a < 1$) 요인을 반영하는 것이다. 만약 저축의 완전한 재투자가 이루어진다면(즉 $a = 1$) 그리고 자본설비의 축적을 무시한다면(즉 c가 무시할 정도로 작다면) 이 시스템은 최고 수준에서 유지될 것이다. 그러나 자본설비의 축적은 안정적인 경제활동의 수준과 함께 이윤율을 저하시키므로 투자에 분명하게 부정적인 영향을 준다(즉 c가 무시할 정도로 작지 않다). 게다가 저축의 재투자 역시 불완전할 수 있다(즉 $a < 1$).[2] 그 결과 투자는 하락하고 불황이 시작된다.[3]

---

[2] 호황기에서 전환점(turning point)을 설명함에 있어 '불완전한 재투자' 요인의 중요성은 故 로스바스(E. Rothbarth)가 1939년 런던경제대학 경제학회(Economic Society of the London School of Economics)에서 한 강의에서 처음으로 강조되었다.

불황기의 바닥(역자 주: 경기순환의 저점으로 경기저점(trough)이라고 함)에서 발생하는 상황은 호황기의 정점(역자 주: 경기순환의 정점으로 경기정점(peak)이라고 함)에서 발생하는 상황과 유사하다. 자본설비스톡이 증가함에 따라 경기정점에서 이윤율이 하락하는 반면에 자본설비의 감가상각이 보충되지 않기 때문에 경기저점에서는 이윤율이 상승하게 된다.

그러나 이 상황이 경기정점의 상황과 대칭적인 지에 대해서는 의심의 여지가 있다. 불황기에 자본파괴가 투자결정에 미치는 영향이 호황기에 자본축적이 투자결정에 미치는 영향보다 훨씬 약한데 그 이유는 불황기에 '파괴된' 설비는 어떤 경우이든 흔히 활용되고 있지 않기 때문이다. 그 결과 불황기는 매우 길 것이다. 사실 이 가능성은 이 장에서 논의하고 있는 정태 시스템에서는 배제되지 않는다.[4] 그러나 장기성장을 누리고 있는 경제에서는 상황이 다르다는 것에 유의해야 한다. 그러한 경제에서는 위에서 설명된 경기순환이 평탄한 장기 추세와 겹치게 된다는 것을 다음에 보여 줄 것이다(179쪽 **그림 18** 참조). 경기저점인 D'점에서는 경제활동의 수준이 실제로 장기성장률과 동일하게 증가하는 데 비해 자본설비의 확장은 장기성장률에 미치지 못하여 이윤율이 증가하게 된다.

---

[3] 이 분석은 $\frac{a}{1+c}<1$의 가정이 경기순환을 발생시키는데 필수 조건임을 분명하게 보여주고 있다(123쪽 참조).

[4] 그러한 경우 c가 호황기보다는 불황기에 더 작고, 따라서 $\frac{a}{1+c}$는 호황기보다 불황기에 더 크다.

'정점'과 '저점'

지금까지 살펴본 내용은 계수 $\frac{a}{1+c}$ 및 μ가 호황기에는 투자 증대를 자동으로 멈추게 하고 불황기에는 투자가 하락하는 것을 멈추게 하는 역할을 한다는 가정에 근거하고 있다. 이와는 다르게 호황기에 설비나 노동의 부족으로 방해를 받기 전까지는 투자 증대가 멈추지 않는 경우가 있다. 이 상황이 발생하면 인도는 요구 시간 내에 이루어지지 못하고 이행되지 못한 주문들이 빠른 속도로 쌓여 갈 것이다. 이것은 재고투자의 증가를 중지시키거나 감소시키는 결과를 가져올 것이다. 고정자본에 대한 투자는 이 부문에서 부족으로 인해 유사한 영향을 받을 수 있다. 투자 주문을 이행하는 기간이 길어지고 고정자본투자 증가는 줄어들 수밖에 없을 것이다.

투자율의 증가가 중지되고 경제활동의 수준이 이 '정점'에서 일정 기간 유지된 후에 경기순환과정이 작동하기 시작한다. 자본설비스톡의 증대와 저축의 불완전한 재투자($\frac{a}{1+c}$을 1보다 작게 만드는 요인)로 인하여 위에서 고려한 경우처럼 투자는 하락하기 시작한다. 이러한 방식으로 시작해서 '자동적인' 경기순환과 같은 방식으로 불황은 지속된다.

호황기에 '정점'이 있는가 하는 질문과 같은 의미에서 불황기에 '저점'이 있는가 하는 질문을 할 수 있다. 그러한 '저점'은 고정자본투자 경우에 분명히 존재하는데 그 이유는 고정자본투자의 총가치는 0 이하가 될 수 없기 때문이다. 그러나 재고에 대한 투자회수 disinvestment(역자 주: 건물이나 기계설비류 등의 자본재를 처분하거나 사용연수가 끝난 자본재를 대체하지 않음으로써 자본투자를 줄이는 방법)에는 그런 유사한 한계가 없다. 따라서 총고정자본투자가 0의 수준에 도달하면 불황은 천천히 진행되지만 멈추지는 않는데 그 이유는 재고에 대한 투자회수가 힘을 얻기 때문이다. 그러나 불황이 정지하게 되면 회복의 과정은 앞 절에서 설명한 것과 거의 같게 된다.

확산 및 축소 변동

자동적인 경기순환의 경우로 다시 돌아가자. 다음의 방정식 (23')에 내재해 있는 순환변동은 $\frac{a}{1+c}$ 및 μ의 계수 값, θ 및 ω의 시차 값에 따라 안정형, 확산형, 축소형 등으로 구분된다(그림 11 참조).

$$i_{t+\theta} = \frac{a}{1+c}i_t + \mu\frac{\Delta i_{t-\omega}}{\Delta t} \tag{23'}$$

이러한 값들을 일정하게 주면 변동의 폭 amplitude of fluctuations(역자 주: 이를 진폭이라고도 함)은 일정하다(역자 주: 이를 안정변동이라고 함). 그러나 $\frac{a}{1+c}$, θ 및 ω가 일정한 상태에서 계속 μ가 증가하면 변동의 폭은 커지고(역자 주: 이를 확산 변동이라고 함), μ가 감소하면 변동의 폭은 작아진다(역자 주: 이를 축소 변동이라고 함).

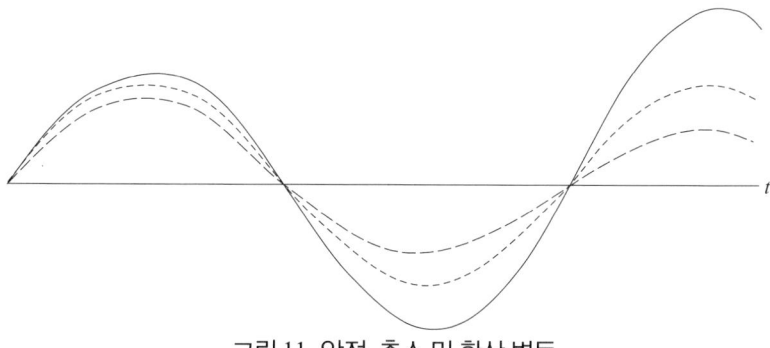

그림 11. 안정, 축소 및 확산 변동

확산 변동을 먼저 살펴보자. 변동의 폭이 증가하기 때문에 호황기에는 투자가 조만간 '정점'에 도달하게 된다. 위에서 보여준 것처럼 그 후에는 불황이 오고, 투자를 '정점'의 수준으로 복귀시키는 회복이 오는 등의 현상이 반복된다(그림 12 참조). 불황의 바닥은 같은 수준에서 유지되는데 그 이유는 방정식 (23')에 따라 하향과정이 호황기 정점에서의 i 수준, $\dfrac{a}{1+c}$ 및 μ의 계수, 그리고 θ 및 ω의 시차에 의해 전적으로 결정되기 때문이다.

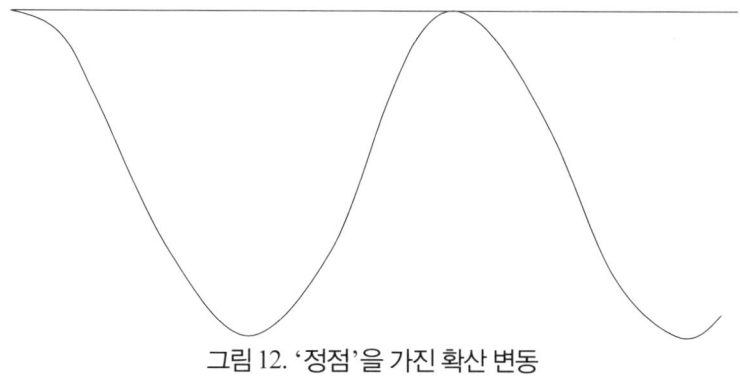

그림 12. '정점'을 가진 확산 변동

축소 변동의 경우 변동의 폭이 지속해서 감속하기 때문에 이 경우 순환주기가 점점 줄어서 거의 없어지게 되는 것처럼 보일 수 있다. 그러나 이것은 옳지 않은데 그 이유를 살펴보자. 방정식 (23')에 근거하고 있는 투자, 이윤 및 생산의 관계는 임의의 교란항random disturbances에 영향을 받는 '확률적stochastic' 관계이다. (위 경우에 대한 통계적 예시statistical illustration에서 계산된 값과 실제 값의 차이(역자 주: 통계학 용어로 잔차라고 함)를 교란항으로 해석될 수 있다). 따라서 방정식 (23')은 실제로는 다음과 같이 나타내어야 한다.

$$i_{t+\theta} = \frac{a}{1+c}i_t + \mu\frac{\Delta i_{t-\omega}}{\Delta t} + \epsilon \qquad (23'')$$

단, ϵ는 임의의 교란항이다. 이제 방정식 (23")에서 '오차 충격erratic shocks'인 ϵ의 영향은 경기순환의 기본과정에 내재해 있는 축소에 반대로 작용하는 것이 분명하다. 그 결과 일종의 반半규칙적인 순환 변화semi-regular cyclical movement가 생성되고, 오차 충격의 크기 및 형태와 방정식 (23')의 모수parameter에 의해 결정되는 진폭이 생성된다.[5]

이 결과는 매우 중요하다. 그것은 '정점'에 도달하지 않는 순환 변동의 가능성을 보여주고 이러한 순환 변동이 실제로 발생하는 순환 변동 형태라는 사실을 설명하는 데 도움을 준다. 그러나 그 이론을 적용하기에는 큰 어려움이 있다. 경험에 따르면, 만약 축소가 약하지 않으면 주기

---

[5] 만약 경기순환의 기본과정이 일정한 진폭을 생성시키는 경향이 있다면 오차 충격은 확산주기를 만들어 내는 것으로 보인다. 그 결과 조만간 '정점'에 도달하게 되고 그때부터 진폭은 변하지 않는다.

는 매우 불규칙적이고 그 진폭은 대략 충격의 크기와 같다는 것을 보여준다. 투자, 이윤 및 생산의 상호 관계가 반드시 약한 축소를 가져와야 한다고 가정하는 것은 합리적인 근거가 없으므로 이 이론의 가치가 의문시될 수 있다. 이러한 어려움은 13장에서 논의될 것인데 거기서는 만약 충격의 특성에 대해 어떤 정당화될 수 있는 가정이 이루어진다면 축소가 큰 경우에도 상대적으로 큰 진폭을 가진 상당히 규칙적인 주기가 발생한다는 것을 보여준다.

경기순환과 자원의 활용

투자 변동은 전체적으로 그에 상응하는 경제활동의 변동을 초래할 것이라고 앞에서 이미 설명한 바 있다(149쪽 참조). 사실 총생산은 방정식 (8') 및 방정식 (10')을 통해 투자와 관련되어 있다. 또한, 총생산과 소비는 투자보다는 상대적 변동이 작다는 것을 상술한 바 있다(71쪽 참조).

그러나 자본설비의 활용에서 변동의 문제에 대해서는 아직 살펴보지 않았다. 지금부터는 고정자본의 양은 경기순환과정에서는 상대적으로 적게 변동하기 때문에 생산의 변동은 주로 설비 활용의 변화를 반영한다는 것을 보여 줄 것이다.

이것은 선진 자본주의경제와 관련된 다음의 예를 통해 보여줄 수 있다. 감가상각수준은 매년 평균 고정자본설비스톡의 5%이고 총고정자본 투자는 평균 고정자본설비스톡의 2.5%와 7.5% 사이에서 변동한다고 가정하자. 따라서 불황기의 투자는 호황기 투자의 1/3 수준으로 하락한다.

또한, 호황기의 정점에서 총고정자본투자는 총생산(즉 민간부문 총생산)의 20%를 구성한다고 가정하자. 따라서 호황기의 정점에서 불황기의 저점까지 투자는 2/3가 감소하는데 이 감소분은 호황기 총생산의 약 13%에 해당한다. 또한, 생산의 변화 ΔQ는 투자의 변화 ΔI의 2.5배라고 가정하자.[6] 호황기의 정점에서 불황기의 저점까지 이동할 때 생산은 13%의 2.5배 즉 호황기 생산의 33%가 감소한다. 따라서 불황기의 생산은 호황기 생산의 1/3이 감소한 수준이 된다. 변동의 진폭은 평균 수준의 약 20%가 되는 것은 쉽게 알 수 있다.[7]

이제 자본설비스톡의 진폭을 계산해 보자. 고정자본의 최대 확장은 MN 기간에 발생하는데(그림 13 참조) 그 이유는 이 기간이 총고정자본투자가 감가상각 수준을 초과하는 기간이기 때문이다.

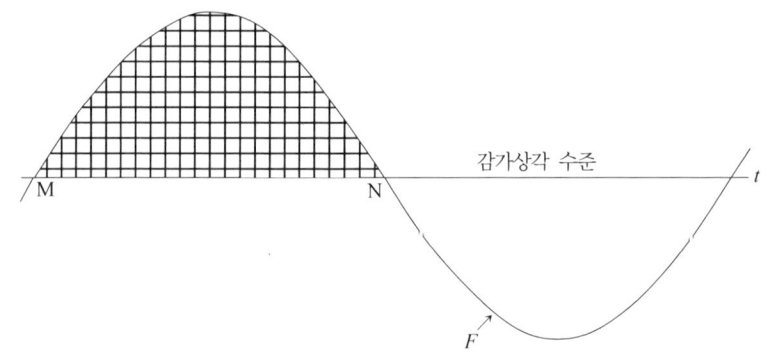

그림 13. 고정자본투자변동이 자본설비스톡에 미치는 영향

---

[6] 1929~1940년 중 미국에서 투자의 변화인 ΔI는 2.72×ΔI 크기만큼 민간부문 실질소득을 변화시켰다(76쪽 참조).

[7] $\frac{1}{2} \times \frac{1}{3} : (1 - \frac{1}{2} \times \frac{1}{3}) = \frac{1}{5}$

호황기 총투자의 최고 수준은 평균 자본설비스톡의 7.5%라고 가정했기 때문에 감가상각이 5%일 경우 최고 순투자는 2.5%이다.[8] 순환 주기가 10년이라고 가정하면 MN 기간이 5년이다. 만약 그 기간에 고정자본투자가 최고 수준에 있다면 자본설비스톡의 총확장은 자본설비스톡 평균 수준의 12.5%가 될 것이다. 그러나 사실 **그림 13**에서 볼 수 있듯이 이 확장은 대략 12.5%의 2/3 즉 8%밖에 되지 않을 것이다. 그 결과 생산의 진폭이 20%가 되는 데 비해 고정자본스톡의 평균 수준 대비 고정자본스톡의 진폭은 4% 정도가 될 것이다.

따라서 설비 활용도에 따른 변동은 총생산의 변동과 유사한 크기가 된다는 것은 명백하다. 불황기에는 자본설비의 상당 부분이 활용되지 않는다. 심지어 평균적으로 볼 때 경기과정 전체에서의 순환활용도는 호황기에 도달했던 최대치에 훨씬 미치지 못할 것이다. 가용 노동 활용의 변동은 설비 활용의 변동과 유사하다. 불황기에 대규모 실업뿐만 아니라 순환주기 내 평균고용은 호황기 정점보다 훨씬 낮게 된다. 유휴자본설비와 실업 상태에 있는 산업예비군은 적어도 순환주기 내 상당 기간 나타나는 자본주의 경제의 전형적인 특징이다.

---

[8] 고정자본에 대한 최대 투자는 대략 최대 총투자와 같다. 사실 호황기 정점에서 재고에 대한 투자는 총생산의 수평화(levelling off)로 작아진다.

12 통계적 예시

경기순환 방정식의 도출

이제 1929~1940년 중 미국 자료에 근거한 모형을 이용하여 앞에서 다룬 경기순환이론에 대해 설명해 보자. 그러나 이 모형이 동 기간 중 미국 경제발전의 정확한 그림을 제시해 주는 것은 아니다. 이 모형은 11장에서 개발된 이론에 대응하는 방정식에 근거하고 있기 때문에 앞 장에서 도입된 단순화를 위한 가정들이 여기서도 유지되어야 한다. 따라서 대외거래와 정부 예산은 항상 균형을 이룬다는 가정이 동 기간 중 미국의 경우 분명히 사실이 아님에도 불구하고 이 가정을 유지할 것이다. 또한, 투자를 디플레이트하는 가격지수와 민간부문 총생산을 디플레이트하는 가격지수가 같다는 가정을 유지할 것이다. 마지막으로 순수한 순환변동을 구하기 위해서 해당 방정식에 있는 추세요인을 무시할 것이다.

이러한 가정의 일관성을 위해 다음 식과 같이 저축과 투자가 같다고 가정한다.

$$S = I$$

세후 이윤인 P와 투자 I의 관계를 나타내 주는 방정식은 4장(64쪽 참조)에서 구한 방정식에 근거한다. 실제로 4장의 방정식은 이윤 P를 투자, 수출초과 및 예산 적자의 합인 I'과의 관계를 나타낸 것이다.[1] 그러나 4장의 논의를 따르면 이 관계는 I'이 투자 I에 의해 완전히 설명되든 안 되든 또는 수출 초과와 예산 적자가 포함되든 안 되든 관계가 없다. 이에 따라 위에서 언급한 것들이 0과 같다고 가정할 수 있기 때문에 세후 이윤인 P와 투자 I의 관계를 나타내 주는 방정식으로 나타낼 수 있다.[2] 따라서 다음과 같은 식(추세요인을 무시하면)을 얻게 된다.

$$P_t = 1.34 I_{t-\frac{1}{4}} + 13.4$$

민간부문 총소득 Y와 세후 이윤 P의 관계는 다음과 같이 나타낼 수 있다(75쪽 참조).

$$Y_t = 2.03 P_t + 10.4$$

물론 이것이 동 기간 중 미국의 경우 분명히 사실이 아니지만, 앞에서와 같게(76쪽 참조) 간접세 때문에 발생하는 민간부문 총생산 O와 총소

---

[1] 실제로 I'은 중개수수료를 포함한다.
[2] 11장에서 논의의 편의를 위해서 노동자들은 저축하지 않는다고 가정했지만 여기서 논의되는 방정식은 어느 정도 노동자 저축에 영향을 받는다. 그러나 이 사실은 141쪽에 있는 방정식 (8')의 계수를 해석하는 데 관계는 되지만 경기순환의 형태에는 영향을 주지 않는다.

득 Y의 차이인 E가 상수라고 가정한다.

$$O = Y + E$$

이러한 방정식으로부터 이윤 변화율과 투자 변화율의 다음과 같은 관계를 도출할 수 있다.

$$\frac{\Delta P_t}{\Delta t} = 1.34 \frac{\Delta I_{t-\frac{1}{4}}}{\Delta t} \tag{24}$$

그리고 총소득 변화율과 이윤 변화율 및 투자 변화율의 다음과 같은 관계를 도출할 수 있다.

$$\frac{\Delta Y_t}{\Delta t} = 2.03 \frac{\Delta P_t}{\Delta t} = 2.72 \frac{\Delta I_{t-\frac{1}{4}}}{\Delta t}$$

마지막으로 E가 상수이므로 생산 변화율은 총소득 변화율과 같고 따라서 투자 변화율과 다음의 관계가 도출된다.

$$\frac{\Delta Q_t}{\Delta t} = \frac{\Delta Y_t}{\Delta t} = 2.72 \frac{\Delta I_{t-\frac{1}{4}}}{\Delta t} \tag{25}$$

투자결정 방정식은 투자와 투자결정요인 간의 1년 시차 또는 반년 시차의 가정에 따라 두 가지 형태가 된다(137쪽 참조).

시차가 1년 즉 $\theta = 1$이면 다음 식과 같게 된다.

$$I_t = 0.634 S_{t-1} + 0.293(P_{t-\frac{1}{2}} - P_{t-\frac{3}{2}}) + 0.215(O_{t-\frac{1}{2}} - O_{t-\frac{3}{2}}) + 1.68 \qquad (26)$$

단, S는 저축, P는 세후 이윤 그리고 O는 총생산을 나타낸다.

시차가 반년 즉 $\theta = \dfrac{1}{2}$이면 다음 식과 같게 된다.

$$I_t = 0.762 S_{t-\frac{1}{2}} + 0.194(O_t - O_{t-1}) + 0.16 \qquad (27)$$

10장에 있는 방정식 (27)을 구하기 위해서 고정자본투자, 저축 및 이윤은 투자재investment goods의 가격지수로 디플레이트하였다. 반면에 방정식 (26)의 투자 및 이윤은 총생산 디플레이트에 사용되는 가격지수로 디플레이트하였다. 그러나 현재 모형에서는 투자재 가격지수와 총생산 가격지수가 같다고 가정하고 있으므로 계산에서 문제가 발생하지 않는다.

이제 두 방정식에서 저축 대신에 투자를 대입할 수 있다. 또한, 방정식 (24) 및 (25)에 의해 다음의 식이 도출된다.

$$P_{t-\frac{1}{2}} - P_{t-\frac{3}{2}} = 1.34(I_{t-\frac{3}{4}} - I_{t-\frac{7}{4}})$$

$$O_{t-\frac{1}{2}} - O_{t-\frac{3}{2}} = 2.72(I_{t-\frac{3}{4}} - I_{t-\frac{7}{4}})$$

$$O_t - O_{t-1} = 2.72(I_{t-\frac{1}{4}} - I_{t-\frac{5}{4}})$$

따라서 방정식 (26) 및 (27)은 투자 I만으로 표현될 수 있게 된다.

$$I_t = 0.634 I_{t-1} + 0.978(I_{t-\frac{3}{4}} - I_{t-\frac{7}{4}}) + 1.68 \qquad (28)$$

$$I_t = 0.762 I_{t-\frac{1}{2}} + 0.528(I_{t-\frac{1}{4}} - I_{t-\frac{5}{4}}) + 0.16 \qquad (29)$$

추후 분석의 편의를 위해서 방정식 (28)을 어느 정도 변경하는데 다음의 근사치를 도입한다.

$$I_{t-\frac{1}{4}} = \frac{3}{4} I_t + \frac{1}{4} I_{t-1}$$

이에 따라 방정식 (28)은 다음과 같게 된다.

$$I_t = 0.634 I_{t-1} + 0.978(\frac{3}{4} I_{t-\frac{1}{2}} + \frac{1}{4} I_{t-\frac{3}{2}} - \frac{3}{4} I_{t-\frac{3}{2}} - \frac{1}{4} I_{t-\frac{5}{2}}) + 1.68$$

또는

$$I_t = 0.634 I_{t-1} + 0.734 I_{t-\frac{1}{2}} - 0.489 I_{t-\frac{3}{2}} - 0.245 I_{t-\frac{5}{2}} + 1.68 \quad (28')$$

순환변동의 도출

위에서 구한 방정식 (28') 및 (29)에서 상수항을 제외하고 투자의 장기 수준과의 편차인 i로 I를 대체하자.[3] 이에 따라 시차가 1년 즉 $\theta = 1$이면 다음 식이 도출된다.

---

[3] 시스템이 실제로 정태적일 경우에만 i는 10장에 있는 감가상각 수준으로부터의 편차가 된다.

$$i_t = 0.634 i_{t-1} + 0.734 i_{t-\frac{1}{2}} - 0.489 i_{t-\frac{3}{2}} - 0.245 i_{t-\frac{5}{2}} \qquad (28'')$$

그리고 시차가 반년 즉 $\theta = \frac{1}{2}$이면 다음 식이 도출된다.

$$i_t = 0.762 i_{t-\frac{1}{2}} + 0.528 i_{t-\frac{1}{4}} - 0.528 i_{t-\frac{5}{4}} \qquad (29')$$

먼저 첫 번째 유형 즉 시차가 1년인 경우를 살펴보자. i_t는 $i_{t-\frac{5}{2}}, i_{t-\frac{3}{2}}, i_{t-1}$ 및 $i_{t-\frac{1}{2}}$의 선형함수이다. 여기에 i_{t-2}를 추가하고 그 계수가 0이라고 가정한다. 따라서 시간을 반년 간격으로 나누면 i는 i의 이전 5개 값의 선형함수가 된다. 그 5개 값을 각각 $i_0 = -2; \ i_1 = -1; \ i_2 = 0; \ i_3 = +1; \ i_4 = +2$라고 하자. 방정식 (28'')로부터 i_5 값을 쉽게 결정할 수 있다. $i_1, \ i_2, \ i_3, \ i_4, \ i_5$를 이용하여 i_6을 결정할 수 있고 이러한 과정을 계속 반복하면 **그림 14**와 같은 결과를 얻을 수 있다. 진폭이 조금씩 축소되는(연 1.5% 정도 진폭 축소) 순환을 구할 수 있으며 순환주기는 약 8.5년이다.[4]

---

[4] i의 최초 5개 값이 다른 값으로 선택되면 이 값들이 이후 연속적인 값들에 영향을 주지만 최종적으로 순환은 그림에서 나타내 주고 있는 주기와 진폭의 변화율로 접근해 간다.

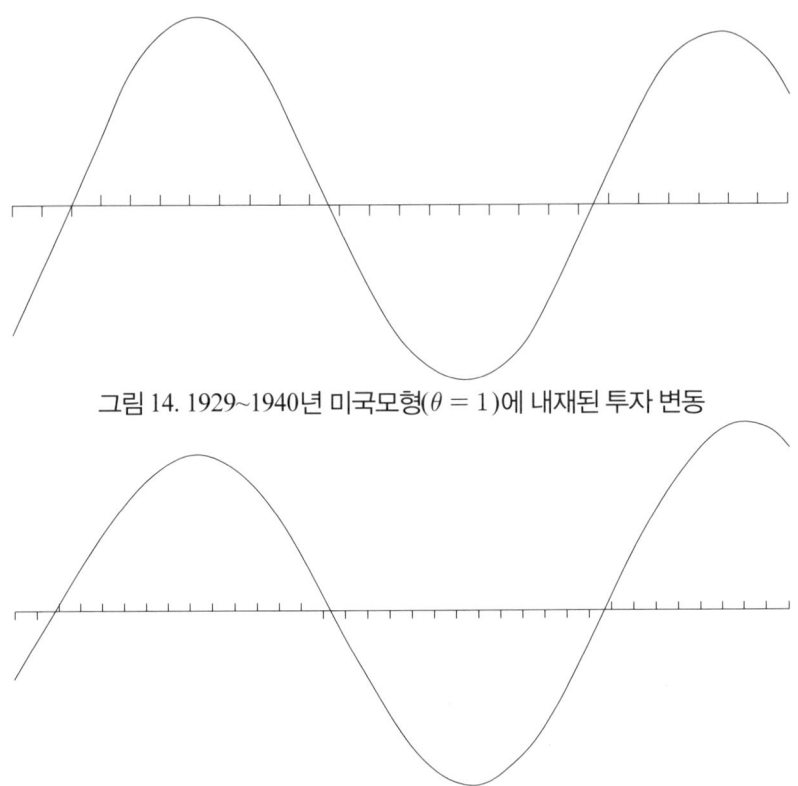

그림 14. 1929~1940년 미국모형($\theta = 1$)에 내재된 투자 변동

그림 15. 1929~1940년 미국모형($\theta = \frac{1}{2}$)에 내재된 투자 변동

다음으로 두 번째 유형 즉 시차가 반년인 경우를 살펴보자. i_t는 $i_{t-\frac{5}{4}}, i_{t-1}, i_{t-\frac{3}{4}}, i_{t-\frac{1}{2}}$ 및 $i_{t-\frac{1}{4}}$의 선형함수이고, $i_{t-\frac{3}{4}}$ 및 i_{t-1}의 계수는 0이다. 따라서 시간을 분기 간격으로 나누면 i는 i의 이전 5개 값의 선형함수가 된다. 그 5개 값을 각각 $-1, -0.5, 0, +0.5$ 및 $+1$이라고 하면 방정식 (28')로부터 시간의 흐름에 따른 세로 좌표를 계산할 수 있고 그림 15와 같은 결과를 얻을 수 있다. 진폭이 조금씩 확산하는(연 3%

정도 진폭 증대) 순환을 구할 수 있으며 순환주기는 약 6.3년이다.[5]

주순환의 주기는 보통 6년부터 10년 사이인 것으로 가정한다. 위에서 살펴본 두 가지 유형 모두 순환주기가 이 범위 안에 있지만, 첫 번째 유형의 주기(8.5년)가 더 전형적이다. 이 유형은 진폭이 다소 축소되는 순환을 보여주고 있다. 충격의 영향을 고려할 경우 일정한 진폭을 가진 상당히 규칙적인 순환으로 전환될 수 있다(13장 참조). 두 번째 유형의 경우 진폭이 조금씩 확산하는 순환을 나타내 주고 있다. 전술한 바로는 (153쪽) 일정 시간이 지나간 후에 일정한 진폭을 가지면서 '정점'에 도달하는 순환으로 전환될 수 있다.

1930년대 미국 경제발전을 어떻게 축소순환을 가진 유형과 확산순환을 가진 유형으로 나타낼 수 있는지 의문이 생길 수 있다. 이 장을 시작하면서 언급한 바 있지만, 지금까지 살펴본 모형이 동 기간 중 미국의 실제 경제발전을 나타내 주는 것은 아니라는 점에 유의해야 한다. 왜냐하면, 위에서 설명한 방정식은 실제 실현될 수 없는 단순화 가정에 일부 근거하고 있는 경제발전의 일부 요소만을 반영하고 있기 때문이다. 또한, 여기서 고려한 기간은 2개의 완전한 순환보다 짧다는 것을 잊지 말아야 한다.

서문에서도 이미 언급했지만, 이 책의 통계적 분석은 고려된 변수들의 관계를 가장 잘 나타내 주는 계수를 여기서 구하는 데 목적을 둔 것이 아니라 위에서 개발된 이론에 대한 예시를 제공하려고 시도한 데 그 목적을 두고 있다.

---

[5] 각주 4를 참고하라.

13 경기순환과 충격

문제의 예시

11장에서 오차 충격erratic shocks의 영향은 투자 변동의 축소를 방지해 준다는 것을 지적하였다. 다시 말해서 다음 방정식에 축소순환이 내재해 있다고 하자.

$$i_t = \frac{a}{1+c}i_{t-\theta} + \mu\frac{\Delta i_{t-\theta-\omega}}{\Delta t} \tag{23'}$$

그리고 ϵ_t를 t기의 오차 충격이라고 하면 다음의 방정식은 반#규칙 semi-regular이고 축소되지 않는 변동을 나타낸다.

$$i_t = \frac{a}{1+c}i_{t+\theta} + \mu\frac{\Delta i_{t-\theta-\omega}}{\Delta t} + \epsilon_t \tag{23''}$$

위에서 언급했지만, 경기순환과 충격에 대해 연구해 보면 이 순환은 상당히 규칙적이고 만약 진폭이 조금씩 축소되면 순환의 진폭은 오차 충격의 진폭보다는 상당히 커지게 된다. 진폭이 크게 축소되면 순환은 불규칙하게 되고 그 진폭은 충격의 진폭과 크기가 같아진다. 이러한 사실은 다음의 예를 통해 보여줄 수 있다. 1929~1940년 중 미국 자료로부터 구한 첫 번째 유형의 경기순환모형은 조금씩 축소되는 변동을 보이고 있다. 진폭의 축소는 연 1.5% 정도이고 순환주기는 8.5년이다. 이 모형에 오차 충격을 도입하면 상당히 규칙적인 순환변동이 생성된다는 것을 보여줄 것이다.

우리의 방정식은 다음과 같다.

$$i_t = 0.734 i_{t-\frac{1}{2}} + 0.634 i_{t-1} - 0.489 i_{t-\frac{3}{2}} - 0.245 i_{t-\frac{5}{2}} + \epsilon_t \quad (28''')$$

오차 충격을 생성시키기 위하여 Trippett 난수표Trippetts' Random Sampling Numbers를 이용하여 0부터 9까지 160개의 임의의 수를 추출하였다.[1] 이 숫자와 평균 4.5의 차이 즉 편차deviations를 오차 충격 ϵ이라고 하였다. 위 방정식으로부터 계산한 i_t를 몇 기에 걸쳐 나타내 보면 다음과 같다. 최초 5개의 충격인 ϵ_0, ϵ_1, ϵ_2, ϵ_3 및 ϵ_4의 값을 각각 i_t의 초깃값으로 하였다. 이 값들이 위 표의 두 번째 열 및 세 번째 열에 나타나 있다. 위 방정식에 따라 5기의 값을 계산할 때 i_0, i_1, i_2, i_3 및 i_4는 각각 0.734, 0.634, -0.489, 0 및 -0.245를 곱한 후 합산한다. 이 합계 값과 5기 충격의 값인 ϵ_5를 더하면 i_5의 값이 된다. 유사한 방법으로 i_1, i_2, i_3, i_4 및 i_5에 위와 같은 계수를 각각 곱한 후 이를 합산하고 이 합계 값과

---

[1] Trippett 난수표는 4자리 숫자를 가진 열(column)로 구성되어 있다. 첫 번째 열에서 첫 번째 난수를 취하고 그다음 두 번째 난수를 취하는 방법을 택하였다. 최초 40개 숫자를 이용하여 160개의 임의의 수를 추출하였다.

6기 충격의 값인 ϵ_6를 더하면 i_6의 값이 되며 이러한 방법을 반복하여 i_t를 구하면 된다. 이렇게 구해진 i_t는 반년의 간격half-yearly intervals을 가진 값이 된다. 그림 16의 곡선 A는 i의 연도별 자료를 나타내는데 이 연도별 자료는 두 반년 자료의 산술평균, 즉 $\frac{i_5+i_6}{2}$과 $\frac{i_7+i_8}{2}$ 등으로 구한다.

기간(단위: 반년)	ϵ_t	i_t
0	-2.5	-2.5
1	+4.5	+4.5
2	+0.5	+0.5
3	-2.5	-2.5
4	-0.5	-0.5
5	-3.5	-5.1
6	+1.5	-2.4
7	+2.5	-2.3
8	-2.5	-2.6
9	+2.5	+0.4
10	-1.5	-0.5

이렇게 구한 값은 평균주기가 8년 정도이고 상당히 규칙적인 순환을 나타내고 있다는 것을 보게 될 것이다(원래 순환의 주기는 8.5년). 이 순환의 진폭은 12에서 25이므로 충격의 최고치인 4.5보다 상당히 크다는 것을 알 수 있다.

미국경제모형과 같이 진폭이 조금씩 축소되는 경우 일반적으로 경기순환의 형태라고 주장할 수 없다는 것은 분명하다. 따라서 진폭의 축소가 큰 경우 어떻게 되는지를 계산하기 위해 방정식 (28''')에서 i_{t-1}을 제외한 모든 계수가 20% 작아진다고 하자. 새로운 방정식은 다음과 같다.

$$i_t = 0.6 i_{t-\frac{1}{2}} + 0.6 i_{t-1} - 0.4 i_{t-\frac{3}{2}} - 0.2 i_{t-\frac{5}{2}} + \epsilon_t$$

이 방정식에 근거한 순환은 진폭의 상당한 축소가 발생하는데 그 크기는 연 14% 정도 되고 주기는 8년이다. 이제 이 모형에 위에서 도출한 충격을 더해 주면 **그림 16**의 곡선 B가 된다. 따라서 곡선 B는 곡선 A가 진폭의 축소를 한 경우이다.

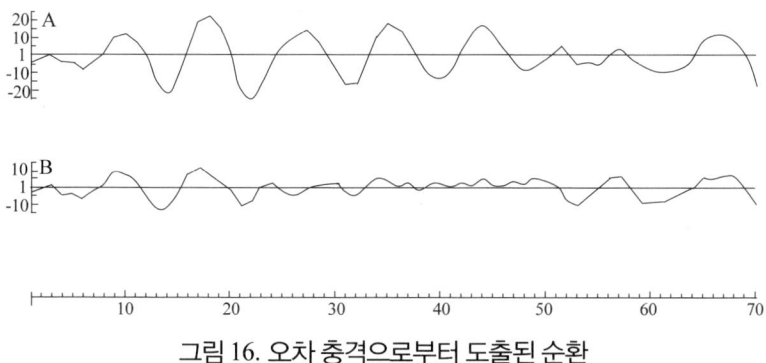

그림 16. 오차 충격으로부터 도출된 순환

큰 진폭 축소를 한 곡선 B의 경우 형태 변화를 관찰하기는 쉽다. 곡선을 보면 그 어떤 규칙적인 순환을 찾아볼 수 없다. 진폭의 최대치는 약

12이나 전체적으로는 매우 작고 충격의 절댓값의 최고치인 4.5보다 작은 경우가 빈번하게 발생한다.

이것은 위에서 논의한 경기순환이론의 어려운 점을 명백하게 보여준다. 반드시 작은 진폭의 축소를 가져올 수 있도록(1929~1940년 중 미국의 경우처럼) '경기순환 방정식'의 계수를 가정하는 것은 불가능하다. 반면에 진폭이 크게 축소되는 경우 작은 진폭을 가진 불규칙한 순환이 발생한다. 이러한 이유로 몇몇 학자들은 원래 경기순환은 진폭이 축소되지 않는 것이지만 그 결과 조만간에 일정한 크기의 진폭을 가지면서 '정점'에 도달하는 순환으로 전환된다는 위험한 가정도 불사한다. 그러나 호황기에 보통 '정점'에 도달한다는 이론은 확인된 바 없다. 따라서 우리는 곤경에 빠지게 된다. 이 문제에 대한 해결책이 다음 절에 제시되어 있는데 여기서 나는 우리가 직면하고 있는 어려움이 연구자들이 고려하고 있는 충격의 유형과 그 외 다른 유형 때문인 것을 보여 주려고 하며, 더 현실적인 충격의 유형은 큰 진폭의 축소를 보여주는 경기순환을 발생시키는 경향이 있다고 나는 생각한다.

새 접근법

위에서 사용한 오차 충격은 균등분포에 따른다. 다시 말해서 큰 편차와 작은 편차의 발생빈도가 같다는 것이다. (예를 들어 편차가 0.5인 충격의 빈도가 5라는 것은 편차가 4.5인 충격의 빈도가 9인 것과 같다.) 슬루츠키Slutsky가[2] 처음으로 충격 때문에 생성된 순환 변동을 실험할 때와 프리쉬Frisch가[3] 경제순환에 구체적으로 응용할 때 충격이 균등분포에 따른다고 하였다.

그러나 확률적 교란항(역자 주: 이것을 충격으로 해석할 수 있음)은 보통 정규분포에 따른다. 이는 확률적 교란항 그 자체는 많은 기본적인 충격들의 합이라는 가정과 그러한 합은 정규분포에 따른다는 Laplace-Liapounoff 정리에 근거하고 있다. 사실 이것이 보통최소자승법을 적용할 수 있는 이론적인 기초가 된다.

경제 현상에서 볼 수 있는 오차 충격이 많은 기본적인 확률 충격들의 합으로 간주하든 아니든 큰 충격들은 작은 충격들보다 발생빈도가 낮다고 가정하는 것은 합리적인 것으로 보인다. 따라서 균등분포의 가정보다는 정규분포의 가정이 더 합리적이다. 다음에서 보여주겠지만, 정규분포의 가정에 근거한 실험이 매우 흥미 있는 결과를 보여주었다.

거의 정규분포에 가까운 충격에 관한 자료를 얻기 위하여 앞에서 언급한 Tippett 난수표로부터 구한 50개 숫자의 합을 계산하였다.[4] 이 합계의 평균(즉 4.5×50=225)과 합계와 합계평균의 차인 편차로 앞의 실험에서 i_t를 구하기 위해 사용하였던 진폭이 조금씩 축소되는 경우인 방정식

---

[2] 'The Summation of Random Causes as the Source of Cyclical Processes,' 《Problems of Economic Conditions》, Conjecture Institute, Moscow, 1927.

[3] *Economic Essays in Honour of Gustav Cassel*, London, 1933.

[4] Tippett 난수표 각 페이지는 8개의 열로 되어 있으며, 각 열은 4자리 숫자 50개로 구성되어 있다. 따라서 32개의 열이 50개 숫자로 구성된 것처럼 간주할 수 있다. 각 열에 있는 50개의 숫자를 모두 합하면 50개 난수의 합이 32개 구해진다. 첫 네 페이지를 이러한 방법으로 하여 거의 정규분포에 따르는 128개의 충격에 관한 자료를 구하였다.

(28''')를 이용하여 같은 실험을 하였다.

$$i_t = 0.734 i_{t-\frac{1}{2}} + 0.634 i_{t-1} - 0.489 i_{t-\frac{3}{2}} - 0.245 i_{t-\frac{5}{2}} + \epsilon_t \quad (28''')$$

또한, 진폭이 크게 축소되는 다음의 방정식을 이용하여 같은 실험을 하였다.

$$i_t = 0.6 i_{t-\frac{1}{2}} + 0.6 i_{t-1} - 0.4 i_{t-\frac{3}{2}} - 0.2 i_{t-\frac{5}{2}} + \epsilon_t$$

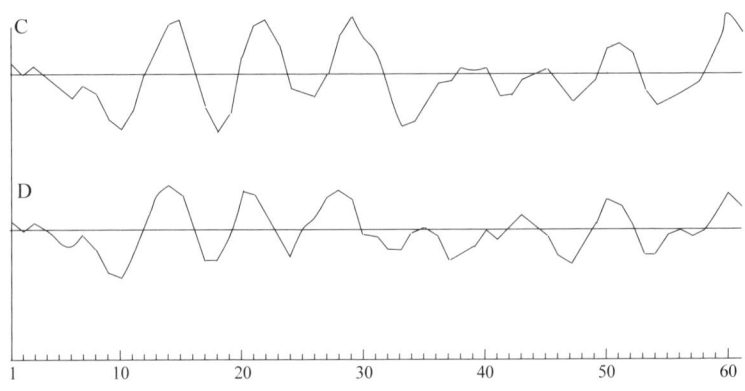

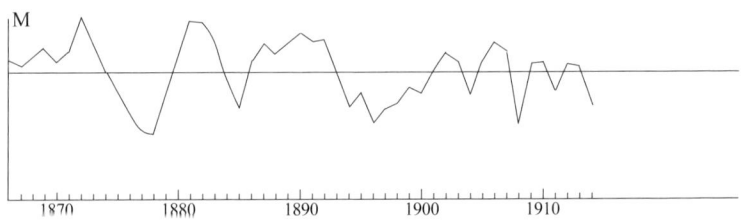

그림 17. 정규분포에 따르는 오차 충격의 순환 및 1866~1914 미국의 순환변동

그림 17의 곡선 C 및 곡선 D가 위 실험의 결과를 각각 나타내 주고 있다.

금방 알아보겠지만 여기서부터 우리의 입장은 이전의 실험과 매우 다르다. 진폭의 감소가 큰 곡선 D는 곡선 C와 매우 유사한 형태를 보여준다. 두 곡선 모두 상당히 뚜렷한 평균 주기를 보여주고 있는데 곡선 C는 8년이고 곡선 D는 7.5년이다. (원래 계열의 순환 주기는 각각 8.5년과 8년이다.) 곡선 D의 진폭은 곡선 C의 진폭보다 적당하게 작다.

비록 이러한 결과에 대해 아직도 수학적 설명이 필요하지만 현상 자체는 사실상 분명하다. 정규분포에 따르는 충격으로 생성된 순환은 진폭 축소가 큰 방정식의 변화에 비해 상당히 안정적임을 보여준다. 따라서 진폭의 축소가 상대적으로 크다 하더라도 그러한 충격은 상당히 규칙적인 순환을 생성해 낸다.

이 결과는 매우 중요하다. 이것은 '경기순환 방정식'에 큰 진폭의 축소가 있다 하더라도 반半규칙적인 순환semi-regular cycle이 존재할 수 있다는 것을 보여준다. 따라서 우리가 확산순환을 비현실적이라고 간주하였던 일반적인 경제변동economic fluctuations의 형태로 인정할 필요가 없게 되었다.

위에서 인위적으로 도출한 시계열과 실제 경제변동을 긴 시간에 걸쳐 비교해 보는 것은 흥미 있는 일이 될 것이다. 그림 17에서 곡선 M은 Friskey에[5] 따르면 1866~1914년 중 미국 제조업 및 운송과 무역의 복합지수 추세로부터의 상대적 편차를 나타내는 곡선이라는 것을 독자들은

---

[5] E. Friskey, *Economic Fluctuations in the United States*, Cambridge, Mass., 1942.

발견할 것이다. 실제 변동은 약간 규칙적이지 못하다는 것 외에는 우리가 생성해 낸 충격과 거의 같다.

6부

장기 경제발전

14 경제발전과정

장기 추세와 경기순환

앞에서 우리는 투자, 이윤 및 총생산 간의 여러 관계를 살펴보았다. 이러한 관계에서 비록 우리가 경기순환 분석을 위해 안정적이라고 가정했지만 어떤 상수들은 장기 경제변화에 영향을 받는다는 것을 여러 곳에서 강조해 왔다. 자본주의 경제의 장기 경제발전 과정에서 이러한 상수의 변화는 이 경제발전을 지속시킨다는 것을 지금부터 보여줄 것이다. 경제발전은 다시 해당 상수의 변화를 가져오는 등 이러한 현상은 계속된다.

경기순환 분석에서와 같이 여기서도 대외거래와 정부 예산은 균형을 이루고 있고 노동자들은 저축하지 않는다고 가정한다. 또한, 투자와 총생산의 물가변화를 조정하는데 사용되는 가격지수는 같다고 계속 가정한다. 따라서 비록 여기서 어떤 상수들의 장기 변화를 강조하겠지만, 경기순환과 관련된 모든 방정식(141쪽 참조)은 여기서도 타당하다. 이러한 이유로 관련 상수들은 시간 첨자인 t로 표기된다. 따라서 다음의 관계를 얻을 수 있다.

(a) 저축과 투자의 동일한 관계
$$S = I$$

(b) 이윤과 이전 투자와의 관계
$$P_t = \frac{I_{t-w} + A_t}{1-q}$$

(c) 생산과 이윤의 관계
$$O_t = \frac{P_t + B_t'}{1-\alpha'} + E_t$$

(d) 투자결정 방정식
$$I_{t+\theta} = \frac{a}{1+c}S_t + b'\frac{\Delta P_t}{\Delta t} + e\frac{\Delta O_t}{\Delta t} + d_t'$$

위에서 지적한 것처럼 자본가 소비의 안정 부분인 A, 주로 급여의 간접비 성격을 반영하는 B', 그리고 총간접세 E는 경기순환 분석에서는 상수였으나 이제는 상수로 가정하지 않고 장기 변화에 영향을 받는다. 따라서 이제는 A_t, B_t', 그리고 E_t로 나타낸다.

위 방정식으로부터 다음의 방정식이 도출된다.

$$I_{t+\theta} = \frac{a}{1+c}I_t + \frac{1}{1-q}(b' + \frac{e}{1-\alpha'})\frac{\Delta I_{t-w}}{\Delta t} + L_t + d_t' \qquad (30)$$

단, L_t는 다음의 생략형을 나타낸 것이다.

$$\frac{1}{1-q}(b' + \frac{e}{1-\alpha'})\frac{\Delta A_t}{\Delta t} + \frac{e}{1-\alpha'}\frac{\Delta B_t'}{\Delta t} + e\frac{\Delta E_t}{\Delta t}$$

경기순환 방정식(145쪽)처럼 μ를 다음과 같이 나타낼 것이다.

$$\frac{1}{1-q}(b' + \frac{e}{1-\alpha'})$$

따라서 다음의 식을 도출할 수 있다.

$$I_{t+\theta} = \frac{a}{1+c}I_t + \mu\frac{\Delta I_{t-\omega}}{\Delta t} + L_t + d_t' \qquad (30')$$

단,

$$L_t = \mu\frac{\Delta A_t}{\Delta t} + \frac{e}{1-\alpha'}\frac{\Delta B_t'}{\Delta t} + e\frac{\Delta E_t}{\Delta t} \qquad (31)$$

방정식 (30')에서 $L_t + d_t'$은 투자의 장기 추세로 인해 발생하는 변화에 영향을 받고, 이 변화는 다시 투자의 추세가 지속되는데 도움을 준다. I의 장기 변화가 $L_t + d_t'$의 장기 변화를 일으킨다. $L_t + d_t'$는 방정식 (30')을 통해 I의 새로운 장기 변화에 영향을 주는 등 이러한 현상은 계속된다. 투자의 이러한 장기 이동을 나타내는 부드러운 시간곡선의 세로축을 y_t라 하자. y_t는 방정식 (30')을 충족시키면서 부드럽게 변하는 변수이므로 다음과 같다.

$$y_{t+\theta} = \frac{a'}{1+c}y_t + \mu\frac{\Delta y_{t-\omega}}{\Delta t} + L_t + d_t' \qquad (32)$$

방정식 (31)에서 방정식 (32)를 빼고 $I_t - y_t$를 i_t라고 하면 다음과 같은 식을 얻는다.

$$i_{t+\theta} = \frac{a}{1+c} i_t + \mu \frac{\Delta i_{t-\omega}}{\Delta t} \tag{23'}$$

이 방정식은 10장의 '경기순환 방정식'과 같다(146쪽 참조). 경기순환 방정식에서 i_t는 정태 시스템에서 감가상각 수준으로부터의 투자 차이 즉 편차를 나타내었다. 방정식 (23')에 따르면 i_t는 0을 중심으로 변동하는데 이것은 경기순환 방정식에서 감가상각 수준을 중심으로 변동하는 것을 의미한다. 여기서 i_t는 추세 수준 y_t로부터의 I_t 편차를 나타내므로 i_t가 방정식 (23')을 충족시킨다는 것은 여기서는 투자가 장기 추세선을 중심으로 변동한다는 것을 의미한다(그림 18 참조).

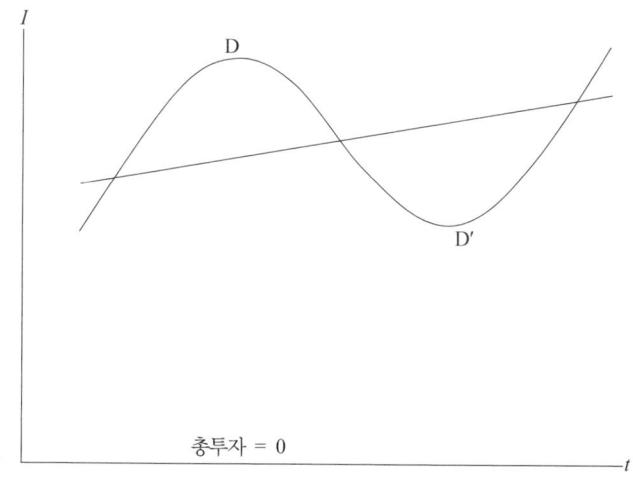

그림 18. 총투자의 추세 및 순환요인 예시

다시 말하면 투자가 다음과 같이 추세요인과 순환요인으로 분해된다는 것이다.

$$I_t = y_t + i_t$$

단, y_t는 $L_t + d_t'$의 장기 변화와 관계있는 부드러운 장기 이동에 영향을 받지만 i_t는 0을 중심으로 변동한다.

y의 이동에 반영된 장기발전과정에 대한 분석으로 넘어가기 전에 장기발전과정 역시 i의 변동폭에 영향을 준다는 것에 유의해야 한다. 위에서 보여 준 바와 같이 이 진폭은 오차 충격의 크기에 비례하거나 생산적인 자원 공급의 '정점'에 의해 결정된다. 충격의 크기는 경제 규모와 명백한 관계가 있고, 경제의 장기성장은 충격의 크기를 증대시키는 경향이 있다. '정점' 역시 추세요인인 y에 어느 정도 비례해서 움직이므로 '정점선ceiling line'과 추세선의 거리는 또한 경제의 일반적인 성장과 함께 증가한다.

L의 장기 변화에 대한 가정

위에서 살펴본 바와 같이 투자의 장기 수준인 y의 이동은 이것이 L과 d'의 이동에 미치는 영향에 대한 명확한 가정하에서만 결정된다. 다음과 같은 방정식에 의해 결정되는 L의 장기 변화 문제를 먼저 고려할 것이다.

$$L_t = \mu \frac{\Delta A_t}{\Delta t} + \frac{e}{1-\alpha'} \frac{\Delta B_t'}{\Delta t} + e \frac{\Delta E_t}{\Delta t} \tag{31}$$

A, B' 그리고 E는 장기에는 장기 투자 수준 y와 비례적으로 변한다는 작업가설(역자 주: 실험관찰·조사에 의하여 다음에 검증받아야 할 가명제(假命題)로서 이

론적 가설의 더 구체적인 가설)을 가정할 것이다. 따라서 L은 $\frac{\Delta y}{\Delta t}$와 비례적으로 변한다. 이 작업가설을 채택하는 이유는 다음과 같다.

177쪽을 상기해 보면 A는 단기적으로 안정적인 자본가 소비의 일부분이다. 그러나 장기에 자본가 소비는 이윤의 양과 비례해서 스스로 적응해 가는 경향을 보이고 있다고 가정할 수 있다. 따라서 A는 장기적으로 이윤과 비례적으로 변한다고 가정할 수 있다. 이윤 P_t와 A_t는 모두 장기적으로 투자의 장기 수준인 $y_{t-\omega}$와 비례해서 변한다는 것은 다음 방정식에서 바로 도출된다.[1]

$$P_t = \frac{I_{t-w} + A_t}{1-q}$$

또 177쪽을 상기해 보면 B'은 급여의 간접비를 반영하기 때문에 단기에는 총생산보다 더 안정적인 경향이 있다. E는 경기순환과정에서 안정적이라고 가정했던 총간접세를 나타낸다. 장기에는 B'과 E가 총생산 O와 비례적으로 변한다고 가정할 수 있다. O_t, B_t', 그리고 E는 모두 장기적으로 이윤 P_t과 비례적으로 변한다고 가정할 수 있는데 다음 방정식에서 바로 도출된다.

$$O_t = \frac{P_t + B_t'}{1-\alpha'} + E_t$$

---

[1] ω는 이윤과 자본가 소비의 시차 때문에 발생하는 투자와 이윤의 시차임을 기억하라.

위 가설에 따라 이윤은 장기적으로 투자 장기 수준인 $y_{t-\omega}$에 비례해서 변하기 때문에 B_t', E_t, 그리고 총생산 O_t도 $y_{t-\omega}$에 비례해서 변한다. 따라서 A_t, B_t', 그리고 E_t는 장기적으로 $y_{t-\omega}$에 비례해서 변한다고 가정하거나 투자, 이윤, 그리고 총생산은 장기에 비례적으로 변한다고 가정한다. (그러나 q와 α' 계수가 변하지 않을 경우만 이 가정이 성립한다.)

방정식 (31)로부터 L_t가 장기 투자 수준 $y_{t-\omega}$의 변화율에 비례해서 변한다는 것을 알 수 있다.

$$L_t = \sigma \frac{\Delta y_{t-\omega}}{\Delta t}$$

따라서 방정식 (32)는 다음과 같게 된다.

$$y_{t+\theta} = \frac{a}{1+c} y_t + (\mu + \sigma) \frac{\Delta y_{t-\omega}}{\Delta t} + d_t' \tag{33}$$

$\frac{\Delta y_{t-\omega}}{\Delta t}$의 계수가 이제 μ가 아니고 $\mu + \sigma$라는 사실은 이윤과 총생산의 장기 적응이 투자의 장기 수준에 미치는 영향을 보여준다.

d'의 장기 변화에 대한 가정

방정식 (33)을 단순화하기 위하여 $\frac{a}{1+c}$를 n, $\mu + \sigma$를 m이라 하면

다음과 같게 된다.

$$y_{t+\theta} = ny_t + m\frac{\Delta y_{t-\omega}}{\Delta t} + d_t' \tag{33'}$$

n은 1보다 작다는 것을 기억하자(123쪽 참조).

이 방정식의 특별한 경우가 11장(144쪽 참조)에서 고려하였던 정태 시스템의 '균형 상태'에 해당한다. 그러한 시스템에서 투자의 장기 수준 y는 안정적이고 감가상각 δ와 같으므로 다음과 같게 된다.

$$y_{t+\theta} = y_t = \delta \quad \text{그리고} \quad \frac{\Delta y_{t-\omega}}{\Delta t} = 0$$

방정식 (33')으로부터 다음 식이 도출된다.

$$\delta = n\delta + d'$$

또는

$$d' = (1-n)\delta$$

또한 자본스톡 K에 대한 감가상각의 비율을 β라고 하면 다음 식과 같이 된다.

$$d' = (1-n)\beta K$$

이제 예를 들어 혁신과 같은 어떤 요인들에 의해 d'이 정태 상태에 해당하는 수준 이상으로 이동한다고 가정해 보자. 더 나아가 다른 조건이 일정하다면 이러한 요인들의 영향이 클수록 자본스톡이 커진다고 가정해 보자. 따라서 우리는 다음과 같은 일반적인 경우를 구할 수 있다.

$$d' = (1-n)\beta K + \gamma K_t$$

단, γ는 양의 값으로 '발전요인'의 강도를 나타낸다.

이제 방정식 (33')을 다음과 같이 나타낼 수 있다.

$$y_{t+\theta} = ny_t + m\frac{\Delta y_{t-w}}{\Delta t} + (1-n)\beta K_t + \gamma K_t \tag{34}$$

장기 추세

만약 γ가 양수이면 위 방정식은 정태 시스템에는 맞지 않는다는 것은 명백하다. y_t가 감가상각 βK와 같고, $\frac{\Delta y_{t-w}}{\Delta t} = 0$이라고 가정하면 우리는 다음 식을 얻는다.

$$y_{t+\theta} = \beta K_t + \gamma K_t$$

이 식은 투자는 감가상각 수준 βK에서 유지될 수 없고 높아지는 경향이 있다는 것을 의미한다.

따라서 (34)식은 투자의 장기 수준은 감가상각의 장기 수준을 초과하는 시스템을 나타낸다. 그 결과 자본스톡 K는 증가하고, K에 비례하는 높은 감가상각 βK와 '혁신 효과' γK_t를 반영하여 $(1-n)\beta K_t + \gamma K_t$도 증가한다. 이것이 투자에 더 큰 자극이 되는 과정이 반복된다. 투자가 증가함에 따라 y_t의 증가율에 더해지는 $m\frac{\Delta y_{t-w}}{\Delta t}$는 양수이다. 이것은 고정자본투자에 미치는 이윤 증가율의 영향과 재고투자에 미치는 총생산 증가율의 영향을 반영한다.

다시 말해서, 시스템이 정태 시스템이 되지 않게 하고 상승하는 장기 추세를 발생시키는 것은 혁신과 같은 '발전요인'이다. 장기 투자가 감가상각 수준보다 높다는 사실로 인해 자본축적은 '발전요인'의 영향의 범위를 증대시키고 그에 따라 장기 추세를 유지하는데 공헌한다. 투자가 증대된 결과 발생하는 생산 및 이윤의 증가는 높은 성장률을 가져온다.

조정 과정

정태 상태static state에서 상향하는 장기 추세 상태로의 전이는 (34)식에 적절하게 나타나 있지 않다는 것에 유의해야 한다. 사실 그러한 전이는 먼저 순환변동의 교란에 반영된다. 그리고 조정은 변동 과정에 있는 이러한 변화를 통해서 조정이 이루어진다. 불황기보다 호황기에 더 민감하게 반응한 결과 높은 투자 수준의 새로운 장기 상태에 도달한다.

정태 상태에서 상향하는 장기 추세 상태로의 변화는 '발전요인' 집중도의 값 γ가 0에서 분명한 양의 값으로 변하는 것과 일치한다. 이제 같은 패턴이 γ값의 어떤 변화나 (34)식의 다른 모수에 적용된다. 예를 들면 γ의 하락에 반영된 혁신 활동의 감소는 처음에는 순환변동의 교란을 가져오고 호황기보다 불황기에 더 민감하게 반응한 결과 투자의 장기수준을 낮출 것이다.

위의 관점에서 보면 모수가 주어진 '추세 방정식'은 조정 과정 이후에 시스템이 자리 잡을 장기 추세를 나타낸다. 특정 조건에서 이 방정식은 일정 비율로 증가하는 균등 추세(uniform trend)를 나타낸다는 것을 보게 될 것이다.

균등 추세

이 문제를 알아보기 위하여 먼저 (34)식의 양변을 y_t로 나누자.

$$\frac{y_{t+\theta}}{y_t} = n + \frac{m}{y_t}\frac{\Delta y_{t-\omega}}{\Delta t} + (1-n)\beta\frac{K_t}{y_t} + \gamma\frac{K_t}{y_t} \qquad (34')$$

만약 시스템이 v의 증가율을 가진 균등 추세에 따른다고 하면 우리는 다음과 같은 관계를 도출할 수 있을 것이다. 자본이 v의 비율로 증가하기 때문에 t기의 순투자는 vK_t와 같다. 감가상각이 βK_t이므로 총투자 y_t는 $(\beta+v)K_t$와 같다. 따라서 다음의 식을 얻게 된다.

$$\frac{K_t}{y_t} = \frac{1}{\beta+v}$$

더구나 총투자 y_t는 자본스톡 K_t에 비례하여 변하기 때문에 총투자 역시 v의 비율로 증가하고 따라서 다음의 식을 얻게 된다.

$$\frac{1}{y_t}\frac{\Delta y_t}{\Delta t} = v$$

만약 우리가 증가율이 낮다고 가정하면 근사치를 구할 때 2차의 작은 부분을 무시함으로써 다음의 식을 얻게 된다.

$$\frac{1}{y_t}\frac{\Delta y_{t-w}}{\Delta t}=v$$

따라서 최종적으로 θ기의 상대적 증가는 θv라는 다음의 식을 얻게 된다.[2]

$$\frac{y_{t+\theta}}{y_t}=1+\theta v$$

따라서 위의 관계를 이용하여 (34')식을 다음과 같이 나타낼 수 있다.

$$1+\theta v = n+mv+\frac{(1-n)\beta+\gamma}{\beta+v}$$

또는

$$1+\frac{\theta-m}{1-n}v=\frac{\beta+\dfrac{\gamma}{1-n}}{\beta+v} \qquad (35)$$

n이 1보다 작으므로 $1-n$은 양수이다. '발전요인' 집중도의 값 γ 역시 양수이다.

이제 (35)식을 그림으로 살펴보자. X축을 증가율 v로 나타내고 (35)식의 양변과 일치하는 다음의 직선을 그린다.

---

[2] 사실 여기에도 2차의 작은 부분을 무시하고 근사치를 구하는 문제가 관여되어 있다.

$$z = 1 + \frac{\theta - m}{1 - n}v \quad \text{및} \quad z' = \frac{\beta + \frac{\gamma}{1-n}}{\beta + v}$$

만약 이 두 직선의 교차점이 존재한다면 (35)식을 만족시키는 X축의 값 v가 존재한다. 따라서 교차점의 존재 여부는 균등 추세의 가능성 여부를 판단하는데 결정적인 역할을 한다.

z는 Y축의 0,1점(그림 19에서 세 종류의 다른 직선이 교차하는 점)을 지나는 직선이다. z'은 다음의 특징을 가진 쌍곡선이다. 첫째, 이 쌍곡선은 Y축의 0, 1점 위를 지나는데 그 이유는 v 및 $1-n$이 양수이므로 $v = 0$에서 $z' > 1$이기 때문이다.

$$z' = \frac{\beta + \frac{\gamma}{1-n}}{\beta}$$

둘째, 이 쌍곡선의 기울기는 감소하며 X축에 점근적으로 접근하는데 그 이유는 v가 증가하고 v가 충분히 큰 값에서 0으로 접근할 때 z'은 하락하기 때문이다.

그림 19에서 m의 변화에 따른 직선 z의 세 가지 위치를 보여주고 있다. $m < \theta$인 첫 번째 경우 직선의 기울기 $\frac{\theta - m}{1 - n}$은 양수이다. $m > \theta$인 두 번째 경우 직선의 기울기는 하락한다. 세 번째 경우도 마찬가지이나 $m - \theta$가 두 번째 경우보다 큰 것으로 가정하기 때문에 기울기의 감소가 더 크다.

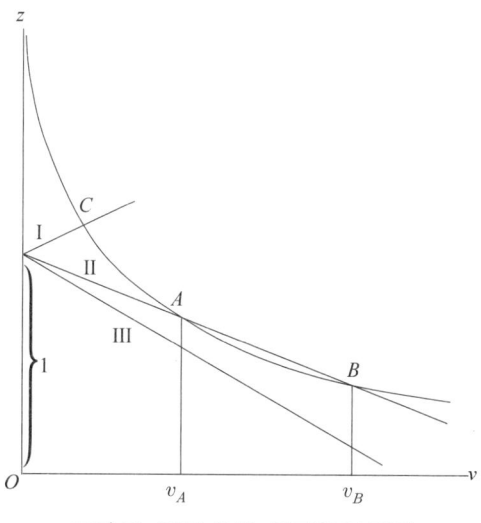

그림 19. 균등 추세: 증가율의 결정

직선이 쌍곡선과 교차하지 않는 세 번째 경우 균등 추세가 나타날 수 없는데 그 이유는 (35)식을 충족시킬 증가율 v의 값이 존재하지 않기 때문이다. 그러나 각각 한 개 및 두 개의 교차점을 가지고 있는 첫 번째 경우 및 두 번째 경우 그러한 값이 존재한다. 우리는 먼저 두 번째 경우를 고려할 것이다.

두 번째 경우 직선은 A 및 B 점에서 쌍곡선과 교차한다. 두 교차점의 X축 좌표는 (35)식을 충족시킨다. 그러나 증가율 v_A와 v_B의 중요성은 큰 차이가 있다. 사실 '발전요인' 집중도의 값 γ가 어느 정도 하락한다고 가정한다. 이 가정은 **그림 20**에서 쌍곡선 z'을 약간 아래로 이동시킨다.

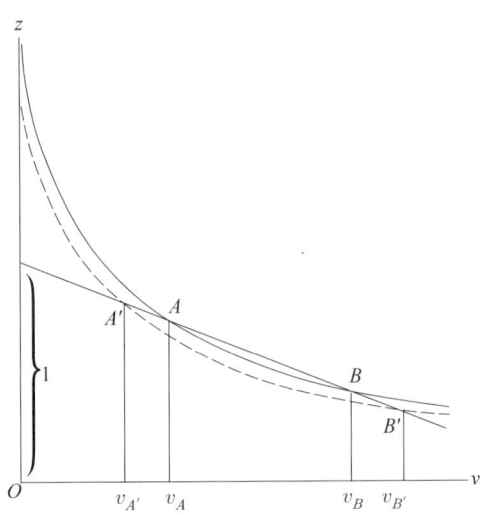

그림 20. 균등 추세: 안정성 분석

새로운 쌍곡선과의 교차점 A'은 A점의 좌측에 위치한다는 것을 볼 수 있다. 따라서 '발전요인' 집중도의 값 γ가 하락한 결과 증가율 $v_{A'}$은 v_A보다 낮아진다. 그러나 두 번째 교차점 B'은 B점의 우측에 위치하고 따라서 $v_{B'}$은 v_B보다 높아진다. 만약 시스템이 증가율 v_B에 종속된다면 '발전요인' 집중도의 하락은 증가율이 높은 시스템을 담보할 수 없다는 것은 명백하다. 사실 그때에는 B점에서 A'점으로 이동한다. 따라서 증가율 v_A만이 안정적인 이동 균형과 일치하고 v_B 증가는 본래 오래가지 못한다는 것을 알게 된다.

첫 번째 경우 유일한 교차점 C는 두 번째 경우의 A점과 본질상 같다는 것(그림 19 참조)은 이해하기 어렵지 않다. 따라서 첫 번째 경우 및 두 번째 경우 '안정적인' 균등 추세(각각 v_C 및 v_A의 증가율)가 생성되는 반면에 세 번째 경우 균등 추세는 나타나지 않는다는 결론을 내릴 수 있다.

위에서 고려한 세 가지 경우는 다른 계수는 변하지 않고 m의 변화에 따라 구한 것이다. 세 번째 경우는 가장 큰 m과 일치한다. m은 이윤 및 생산의 변화율이 투자 수준에 미치는 장기적인 영향을 나타내는 계수라는 것을 기억해야 한다. 따라서 (34)식은 다른 모든 조건이 불변일 때 이윤 및 생산의 변화율이 투자에 미치는 영향이 너무 강하지 않을 경우 균등 추세를 나타낸다.

균등 및 부진 성장

균등 성장의 경우 현재 투자 및 자본스톡 모두 같은 일정 비율로 증가한다. 또한, 위에서와 같이(182쪽 참조) 이윤 및 생산이 장기에 투자와 일정한 관계가 있다고 가정하면 투자, 이윤, 생산 및 자본 모두 장기에 동일 비율로 확대된다. 따라서 이윤율 및 자본 대비 생산의 비율은 장기에는 안정적이다.

이것은 경제의 기본적인 변수들과 비례해서 변하지 않고 규모가 증가하는 경제와 유사한 그림이다. 사실 균등 추세는 자본주의 경제가 본래 가지고 있는 자동적인 경향이라고 많은 사람이 가정한다. 그러나 우리가 논의하는 균등 성장의 과정은 이것이 없이는 자본주의 경제가 정지 상태에 머물게 되는 혁신과 같은 '발전요인'에 근거한다. 이러한 이유로 우리는 다음 장에서 이러한 요인들에 대해 살펴볼 것이다.

위에서 논의한 균등 추세는 '발전요인'의 안정적인 집중도 γ에 의존한다. 즉, 자본스톡과 비례하여 증가하는 이러한 요인들의 영향권에 의존한다는 것을 현 단계에서는 잊지 말아야 한다. 만약 이 집중도가 하락하는 경향이 있으면 경제성장의 과정은 지체될 것이다. 자본은 체감하는 증가율로 축적될 것이다. 다시 말해서 자본 대비 순투자 비율은 하락할 것이다. 총투자도 마찬가지이다. 이윤 및 생산이 장기에는 투자에 비례하여 변한다는 가정으로부터 자본 대비 이윤 비율 및 자본 대비 생산 비율 모두 하락할 것이다. 따라서 부진 성장은 자본주의 경제에 광범위하게 영향을 미친다. 진보율rate of progress의 더딘 진행은 이윤율 하락 및 자본설비 활용도의 감소와 관련되어 있다.[3]

예를 들어 만약 이 과정이 독점도가 증가한 결과 임금에서 이윤으로의 이동을 동반한다면 이것은 이윤율의 하락을 정지시키지 않지만, 설비의 불완전 활용under-utilization의 증대를 더 심각하게 할 것이다(68쪽 참조). 사실 국민소득 대비 이윤의 상대적 비율 상승은 총생산이 투자 및 이윤보다 낮은 증가율을 보인다는 것을 의미한다. 따라서 투자, 이윤 및 생산 모두 자본스톡보다 낮은 증가율을 보이기는 하지만 비례적으로 변한다고 위에서 가정한 부진 성장의 경우보다 생산은 자본과 관련하여 더 하락한다.

---

[3] 그러나 만약 산업 생산력 대비 자본의 실질 가치 비율인 자본 집중도가 충분히 증가하면 활용도는 하락하지 않을 수 있다. 자본 대비 생산 비율의 하락은 단지 자본 집중도의 상승을 반영한다.

15 발전요인

투자이론의 요약

자본주의 경제에서 경제발전을 결정하는 요인들을 적절하게 평가하기 위해서는 기초적인 투자이론을 간략하게 다시 설명하는 것이 필요하다. 이 이론에 의하면 단위 시간당 고정자본투자는 (시차를 가진) 세 가지 요인 – 기업의 현재 '내부' 총저축, 이윤 증가율, 자본설비스톡 증가율 – 에 의해 결정된다. 첫 번째 요인 및 두 번째 요인은 양(+)의 영향을 주고, 세 번째 요인은 음(−)의 영향을 준다. 재고투자는 생산 증가율에 의해 결정되는 것으로 간주한다.

당분간 정태 경제의 경우를 다시 고려해 보자. 총저축의 합이 감가상각과 같을 때 총저축이 기업에서 발생한다고 가정하고 혁신과 같은 '외부' 요인은 없다고 가정하자. (또한, 균형 대외거래 및 균형 정부예산을 계속 가정하자.) 경제는 정태 상태에서 유지될 수 있고 교란은 순환변동만을 발생시킨다는 것은 명백하다. 사실 만약 총고정자본투자가 감가상각 수준이라면 그것은 그와 동일한 총저축의 합을 가져올 것이고 이러한 저축은 기업에서 발생함에 따라 바로 재투자되는 경향을 보일 것이다.

게다가 자본설비스톡은 일정한 수준에서 유지될 것이다. 이윤 및 생산은 투자 수준에 의해 결정되기 때문에 변하지 않을 것이다. 그리고 생산은 안정적이기 때문에 재고변화는 발생하지 않을 것이다. 위에서 설명한 이러한 조건들이 충족되는 한 시스템은 투자가 감가상각과 같아지는 수준을 중심으로 순환변동을 하는 것을 제외하고는 정태적이다.

그러나 우리가 몇 가지 가정을 제거하면 상황은 변한다. 혁신은 투자의 장기 수준을 증가시키고 따라서 우상향하는 장기 추세를 만든다. 반면에 '금리 생활자의 저축rentiers' savings'이라고 부를 기업 외부의 현재 총저축은 투자를 약화시키고 따라서 장기발전을 손상시키는 경향이 있다.

혁신

특정 기간에 발생하는 혁신은 새로운 투자 프로젝트를 더 매력 있게 만든다. 이 요인의 영향은 특정 기간에 투자 프로젝트를 초기보다 일반적으로 더 매력 있게 만드는 총이윤의 증가에 의한 영향과 유사하다. 끊임없는 발명의 흐름이 투사에 미치는 영향은 이윤의 안정적 승가율과 비교할 만하다. 따라서 그러한 흐름은 단위 시간당 투자 수준을 높이는 데 그러한 흐름이 없다면 투자를 조달해야 한다. 이것은 신규 투자가 투자에 미치는 즉각적인 영향이다. 현재의 기술 상태에 대한 점진적인 설비 조정의 의미에서 혁신은 위에서 설명한 '정상적인' 요인에 의한 '통상적인' 투자의 일부분이라고 가정한다.

끊임없는 발명의 흐름은 투자 수준을 기본적인 결정요인에 의한 수준보다 훨씬 더 높인다. 따라서 발명은 정태 시스템을 우상향하는 추세에 종속하는 시스템으로 변환한다. 다른 모든 조건이 불변일 때 투자 수준에 미치는 발명의 영향은 자본설비스톡이 클수록 더 크다고 가정한다. 이에 따라 우리 추세 모형에서 이 영향은 자본스톡에 비례한다고 가정한다(183쪽 참조). 따라서 약화되는 혁신의 집중도는 자본스톡과 관련하여 이 영향이 하락하는 것으로 반영된다. 위에서 살펴본 바와 같이 그것은 장기발전과정의 지체를 일으킬 것이다.

우리는 여기서 혁신을 기술발전과 동일한 것으로 간주하였다. 그러나 혁신의 정의는 제조업자에게 신규 설비를 필요하게 만드는 새 제품의 등장, 생산 및 운송 설비에 대한 신규 투자를 필요하게 하는 원재료의 새 공급원 제공 등과 같은 유사한 현상을 포함하는 것으로 쉽게 확장될 수 있다. 이 경우에도 위에서의 주장이 완전히 적용된다.

후기 발전단계에 있는 자본주의 경제의 성장 속도가 느려지는 것은 혁신 활동의 하락으로 부분적으로나마 설명될 수 있다. 그러한 경향에는 넓게 보면 세 가지 이유가 있다. 가장 분명한 이유는 원재료의 새 공급원 제공의 중요성이 체감한다는 것이다. 다른 이유는 자본주의의 독점적 특성이 증대되면서 신규 발명의 응용을 방해한다는 것이다. 마지막으로 자동차, 무선전화 및 다른 대규모 내구 소비재 제조업과 같은 '조립 산업'이 중요해지고 있고, 그러한 산업에서 기술진보는 대규모 투자를 수반하지 않는 조립 공정에서의 '과학적 조직화scientific organization'에 주로 집중되어 있다는 것이다.

금리 생활자의 저축

총저축의 합이 감가상각과 같을 때 소위 '금리 생활자의 저축'이라는 외부로부터의 현재 저축이 존재한다고 가정하자. 따라서 (감가상각에서 금리 생활자의 저축을 뺀 것과 동일한) 기업의 '내부' 저축은 감가상각 수준 아래에 있는데 이 감가상각 수준은 투자 역시 감가상각 수준 이하로 낮추는 경향이 있다. 이것은 혁신이 장기 우상향 추세를 부추기는 방식과 어느 정도 같은 방법으로 시스템에 하향하는 추세를 도입한다. 14장에서의 우리의 주장과 일치하게 금리 생활자의 저축은 만약 그 실질 가치가 자본스톡 실질 가치의 일정 비율이라면 하향하는 균등 추세를 발생시킬 것이다. 만약 금리 생활자의 저축이 자본과 관련하여 증가한다면 하향 추세는 가속화될 것이다.

만약 혁신의 효과가 금리 생활자 저축의 효과와 결합되면 장기발전을 결정하는 것은 그들의 순효과라는 것은 명백하다. 혁신이 금리 생활자 저축보다 더 큰 영향을 미칠 경우에만 추세는 양(+)이 될 것이다. 자본스톡과 관련한 혁신 활동의 하락이나 금리 생활자 저축의 증가는 이 추세를 지체시킬 것이다.

인구 증가

인구 증가는 경제발전에 중요한 자극이라고 흔히 가정한다. 만약 인구가 정체되어 있다면 생산은 노동생산성의 증대 또는 산업예비군(역자 주: 고도자본주의 사회에서 발전된 기술의 채택으로 인해 노동수요가 감소하면서 발생하는 특유의 실업균)의 투입을 통해서만 증가할 수 있다는 것은 사실이다. 따라서 증가하는 인구는 생산에서 장기 확장의 잠재력을 넓힌다. 그러나 인구 증가가 이러한 잠재력의 효율적 사용에 기여하는 장기발전에 역시 자극이 될지는 두고 봐야 한다.

이 질문에 답하기 위해 인구가 증가하는 정태 시스템을 고려하자. 생산은 초기에 안정적이기 때문에 장기에 실업이 증가할 것이다. 이것은 당연히 명목임금을 하락시킨다. 따라서 우리는 임금의 장기적 하락이 자본주의 경제에서 자극되는지에 대한 질문에 직면하게 된다.

1장(13쪽 참조)에서 논의한 바로는 노동조합의 약화와 관련된 명목임금의 장기 하락은 독점도를 증대시키는 경향이 있으며 이에 따라 임금에서 이윤으로 이동을 일으킨다는 것에 먼저 유의해야 한다. 앞에서 살펴본 바와 같이(67쪽 참조) 이것은 생산의 장기 증대를 전혀 자극하지 않고 오히려 바람직하지 않은 영향을 주는 경향이 있다.

그러나 명목임금의 하락이 최소한 이론적으로는 자본주의 경제의 장기 우상향 추세를 자극할 수 있는 경로가 있다. 명목임금의 장기 하락은 가격 하락을 가져오고 안정적 생산과 함께 거래액의 하락을 가져온다. 만약 은행의 화폐공급이 비례적으로 감소하지 않으면 이것은 단기 이자율의 장기 하락을 가져오고 그에 따라 장기 이자율의 하락을 가져온다. 그러한 하락이 투자에 미치는 영향은 이윤의 장기 상승이 우상향 추세의 이동을 가져오는 것과 같을 것이다. 그러나 그 경우 생산의 증가는 실업의 장기 상승을 막을 만큼 충분히 커질 수는 없다. 왜냐하면, 그 경우 추세의 원인이 사라질 것이기 때문이다.

그러나 위에서 설명한 작동원리가 생산을 증가시키는 데 효과적인지에 대해서는 매우 회의적이다. 자금회전의 하락과 단기 이자율의 하락 간의 관계가 사실 장기에는 상당히 불확실하다. 만약 자금회전의 하락이 장기간 지속되면 은행정책은 자금회전 하락에 보조를 맞추어 화폐공급을 줄여서 단기 이자율을 유지하는 방법으로 이러한 장기 하락에 쉽게 적응할 수 있다.

몇몇 학자들은 인구증가를 경제발전을 자극하는 다른 경로로 고려해 왔다는 것에 유의해야 한다. 그들은 인구가 증가하면 기업가가 그들의 제품시장이 확장되리라고 어느 정도 확신할 수 있기 때문에 인구 증가가 투자를 장려한다고 주장한다. 그러나 이와 관련하여 중요한 것은 인구 증가가 아니고 구매력 증대이다. 극빈자 수의 증가는 시장을 확장하지 못한다. 예를 들면 증가된 인구가 주택에 대한 높은 수요를 반드시 의미하는 것은 아니다. 왜냐하면 구매력의 증대가 없는 인구 증가는 많은 사람들이 기존의 주거 공간으로 밀어닥치는 결과를 가져올 수 있기 때문이다.

결론

상술한 바와 같이 우리의 분석은 장기발전이 자본주의 경제에 내재된 것이 아니라는 것을 보여주고 있다. 따라서 장기 우상향 추세를 유지하기 위해서는 구체적인 '발전요인'이 필요하다. 그러한 요인 중 우리는 가장 광의의 혁신을 발전에 가장 중요한 촉진물로 도출하였다. 또 다른 장기 영향으로 고려된 금리 생활자의 저축은 발전에 자극제라기보다는 장애물인 것으로 밝혀졌다.

자본주의 발전의 후기 단계에서 혁신 활동의 하락은 자본 및 생산 증대의 방해물이 된다. 더구나 만약 독점도의 증가가 국민소득분배에 미치는 영향이 다른 요인들의 방해를 받지 않는다면 임금에서 이윤으로 상대적 이동이 발생하고 이것이 생산의 장기 증대를 더디게 하는 또 다른 이유가 될 것이다.

만약 생산의 확장률이 노동생산성 증가율 및 인구 증가율의 결합 증가율 수준 이하로 하락하면 실업은 장기적으로 상승할 것이다. 앞에서 살펴본 바로는 이것이 생산의 높은 증가율을 유발함으로써 실업 증대를 자동으로 완화하는 힘으로 작용할 것 같지는 않다.

통계 부록

부록 1. 제1부 주석

주 1. 1899~1914년 중 다음의 자료가 주어져 있다. (a) Paul H. Douglas, *The Theory of Wages*에 따른 미국 제조업의 고정자본가치; (b) 국립경제연구소National Bureau of Economic Research에 따른 미국 제조업 생산; (c) 제조업 총조사Census of Manufactures에 따른 미국 제조업의 부가가치 - 임금.

연도	고정자본가치			생산	부가가치 - 임금 (경상가치)
	장부가치	재생산 비용	경상가격		
1899	100	100	100	100	100
1904	137	136	138	124	130
1909	203	216	198	158	180
1914	256	280	240	186	205

주 2. 1장 및 2장에서 논의한 미국 제조업의 기초비용 대비 수입 비율, 임금 대비 재료비 비율, 부가가치 대비 임금의 상대적 비중은 미국 제조업 총조사U. S. Census of Manufactures에 근거하고 있다. 이 조사는 범위 및 방법에서 크게 바뀌었다. 분석기간(1899~1937) 중 자료와 합리적인 비교 가능성을 확보하기 위하여 시계열을 변화가 발생한 연도와 '연결'시켰다. 1899년을 기준연도로 하였다. 조사의 범위에 대한 변경이 1899년에 시작되어 1914년에 끝났다. 이 두 연도의 '구계열' 및 '신계열' 자료를 이용할 수 있기 때문에 1899년을 기준연도로 하여 모든 연도를 '연결'하는 것이 가능하였다. 조사 방법에서도 몇 가지 변경이 있었다. (a) 다른 연도에는 소위 작업장 소모품work and shop supplies이 재료비에 포함되었으나 1929년,

1931년 및 1933년은 부가가치에 포함되었다. 이것이 분리되어 있던 1904년의 조사에 따르면 재료비의 0.9%에 해당하였다. 이러한 변경을 대체로 허용하기 위해 1929년, 1931년 및 1933년의 재료비는 그에 일치하게 줄어들고 부가가치는 증가하였다. (b) 1931년 전에는 담배 제조업자에 대한 세금은 부가가치에 포함되었지만 1931년 이후에는 이 항목이 재료비로 편입되었다. 1931년에 두 자료가 모두 주어져 있기 때문에 1899년을 기준연도로 하여 1931년 이후를 연결하는 것이 가능하였다. (c) 1935년 전에는 공개된 작업 비용cost of work은 부가가치에 포함되었지만 1935년 이후에는 이 항목이 재료비에 포함되었다. 1935년에 두 자료가 모두 주어져 있기 때문에 1899년을 기준연도로 하여 1935년 이후를 연결하는 것이 가능하였다. 위의 조정을 거쳐 얻어진 자료가 다음의 표에 주어져 있다.

연도	수입/기초비용	재료비/임금	부가가치 대비 임금의 상대적 비중
		(%)	
1879	122.5	382	47.8
1889	131.7	291	44.6
1899	133.3	337	40.7
1914	131.6	370	40.2
1923	133.0	329	41.3
1929	139.4	346	36.2
1931	143.3	314	35.7
1933	142.8	331	35.0
1935	136.6	349	37.9
1937	136.3	338	38.6

주 3. 안정적인 산업 비중을 가정하고 미국 제조업의 기초비용 대비 수입 비율의 자료가 체인시스템에 의해 계산되었다. 예를 들면, 1879년 총수입에서 차지하는 주요 산업군의 비중을 구했다는 가정에 따라 1889년 기초비용 대비 수입 비율을 계산하였다. 이 숫자를 1879년 기초비용 대비 수입의 실제 비율로 나누면 1889/1879 '연결' 값이 된다. 그다음 1889년 상대적 산업 비중을 구했다는 가정에 따라 1899/1889 '연결' 값을 유사한 방법으로 구한다. 1899년이 기준연도로 선택되었는데 그 이유는 그 해 기초비용 대비 수입의 '조정된' 비율이 실제 비율과 같기 때문이다. '연결' 값을 이용하여 '조정된' 비율을 만들 수 있다.

재료비의 산업별 구성비가 안정적이라고 가정하고 임금 대비 재료비 비율의 시계열을 유사한 방법으로 구할 수 있다. 앞에서 설명한 바와 같이 1989년이 다시 기준연도로 선택되었다.

기초비용 대비 수입의 '조정된' 비율인 k'과 임금 대비 재료비 비율의 '조정된' 비율인 j'을 이용하여 다음 식에 의해 부가가치 대비 임금의 상대적 비중에 대한 '조정된' 시계열 w'을 계산하였다(26쪽 참조).

$$w' = \frac{1}{1+(k'-1)(j'+1)} \tag{3'}$$

k'은 수입의 산업별 구성비가 안정적이라고 가정하고 계산되었고, j'은 재료비의 산업별 구성비가 안정적이라고 가정하고 계산됨에 따라 w'은 수입과 재료비의 차이인 부가가치의 산업별 구성비가 안정적이라는 가정에 따라 계산된 임금의 상대적 비중이다. k', j' 및 w'의 시계열이 표 6 및 표 8에 주어져 있다.

주 4. 다음 표는 1929~1941년 중 미국의 지수들이다. (a) 인구총조사 연도의 제조업 총조사와 일치하는 미국 상무성U. S. Department of Commerce의 경제동향 서베이Survey of Current Business에 있는 제조업 임금 지수. (b) 미국 상무성의 경제동향 서베이 국민소득 부록National Income Supplement to Survey of Current Business, 1951에 있는 농업, 광업, 건설업, 운수업 및 서비스업 임금 및 급여 지수. (c) 총임금의 근사치를 나타내는 위 두 시계열의 결합지수(38쪽 참조). 가중치는 1:1인데 제조업 임금 및 급여와 (b)에서 열거한 산업, 즉 농업, 광업, 건설업, 운수업 및 서비스업의 임금 및 급여는 1929년 거의 비슷하였고, 각 산업의 임금은 크게 변하지 않는다고 가정할 수 있다. (d) 국민소득 부록National Income Supplement에 있는 민간부문 총소득 지수.

연도	제조업 임금	농업, 광업, 건설업, 운수업 및 서비스업 임금 및 급여	결합지수	민간부문 총소득
1929	100	100	100	100
1930	80.9	90.6	85.7	86.0
1931	61.4	74.0	67.7	67.6
1932	42.3	55.0	48.6	48.3
1933	45.4	49.5	47.4	45.3
1934	58.4	55.6	57.0	54.1
1935	67.1	60.5	63.8	62.9
1936	77.7	69.6	73.6	70.1
1937	92.8	77.1	84.9	79.7

주 5. 국민소득 부록에 있는 1929~1941년 중 미국 민간 임금 및 급여와 민간부문 총소득이 200쪽에 나타나 있다. (표 12의 첫 번째 열에

연도	민간 임금 및 급여	민간부문 총소득	조정된 민간부문 총소득	조정된 민간 임금 및 급여
	(십억 달러, 경상)			
1929	45.2	90.4	90.4	45.2
1930	40.7	77.8	77.1	40.4
1931	33.6	61.1	62.3	34.2
1932	25.3	43.7	45.1	26.1
1933	23.7	40.9	42.2	24.4
1934	27.4	49.0	49.8	27.9
1935	30.0	56.9	56.5	29.8
1936	33.9	68.4	64.2	34.3
1937	38.4	72.1	71.1	37.9
1938	34.6	65.0	64.9	34.5
1939	37.5	70.1	68.8	36.8
1940	41.1	79.0	77.4	40.3
1941	51.5	100.2	98.6	50.7

있는 자료는 이러한 자료에 근거하고 있다). 부록Supplement에 있는 국민대차대조표에는 소득 측면에서 도출된 국민생산과 지출 측면에서 도출된 국민생산 사이에 통계적 불일치가 있다는 점에 유의해야 한다. 두 번째 열에 있는 민간부문 총소득은 소득 통계에서 도출되었다. 일관성이 있는 자료를 구하기 위하여 이 숫자는 통계적 불일치가 조정되었다. (이렇게 함으로써 통계적 오차는 모두 소득 측면에 계상되며 지출 데이터가 소득 데이터보다 전반적으로 더 신뢰성이 있다는 사실이 정당화된다.) 조정된 민간부문 총소득이 세 번째 열에 나타나 있다. 조정된 임금 및 급여는 조정된 총소득에 비례한다고 가정하기 때문에 조정된 총소득에 대한 조정된 임금 및 급여의 상대적 비중은 조정으로 인해 변하지는 않는다.

주 6. 조정된 민간부문 총소득은 민간부문 총생산의 디플레이션에 내재된 가격지수로 디플레이트되었다. (이 지수는 민간부문 총소득의 현재 가치를 부록에 있는 불변가격으로 계산한 가치로 나누어 구하였다.)

연도	민간부문 총생산의 디플레이션에 내재된 가격지수 1939=100	조정된 민간부문 총소득	
		(십억 달러, 경상)	(십억 달러, 1939년 기준)
1929	122	90.4	74.1
1930	117	77.1	65.9
1931	105	62.3	59.3
1932	94	45.1	48.0
1933	90	42.2	46.9
1934	96	49.8	51.9
1935	98	56.5	57.7
1936	98	64.2	65.5
1937	103	71.1	69.0
1938	101	64.9	64.3
1939	100	68.8	68.8
1940	102	77.4	75.9
1941	110	98.6	89.6

부록 2. 제2부 주석[1]

주 7. 1929~1940년 중 세전 및 세후 조정된 이윤의 경상이윤 및 1939년 기준 이윤이 다음 표에 나타나 있다. 경상가격으로 계산한 세전 조정이윤은 주 5에 있는 조정된 민간부문 총소득과 조정된 민간 임금 및 급여의 차이로 구하였다. 세후 조정이윤은 기업 및 가계의 모든 직접세를 차감하여 구하였다. (동 기간 중 노동자의 직접세는 작았다.) 마지막으로 세전 및 세후 조정 이윤은 주 6에 있는

연도	조정된 이윤		조정된 이윤	
	세전	세후	세전	세후
	(십억 달러, 경상)		(십억 달러, 1939년 기준)	
1929	45.2	41.2	37.0	33.7
1930	36.7	33.4	31.4	28.5
1931	28.1	25.7	26.7	24.5
1932	19.0	17.2	30.2	18.3
1933	17.8	15.8	19.8	17.6
1934	21.9	19.6	22.8	20.4
1935	26.7	23.9	27.3	24.4
1936	29.9	26.2	30.5	26.8
1937	33.2	28.8	32.2	27.9
1938	30.4	26.5	30.1	26.2
1939	32.0	28.1	32.0	28.1
1940	37.1	31.6	36.3	31.0

---

[1] 자료 출처: 미국 상무성의 경제동향 서베이 국민소득 부록(National Income Supplement to Survey of Current Business, 1951)

민간부문 총생산의 디플레이션에 내재된 가격지수로 디플레이트 되었다.

주 8. 총민간투자, 수출 초과, 예산 적자 및 중개수수료의 합이 209쪽에 나타나 있다. 이 합은 총저축과 중개수수료의 합과 같다(62쪽 참조). 1939년 가격을 기준으로 한 이 합은 민간부문 총생산의 디플레이션에 내재된 가격지수로 디플레이트하여 구하였다(주 6 참조).

주 9. 주 7에 있는 세전 및 세후 실질 조정이윤인 P와 π의 상관관계를 살펴보면 다음과 같은 회귀방정식을 얻게 된다.

$$P = 0.86\pi + 0.9$$

상관계수는 0.991이다.

연도	총민간투자+수출 초과+예산 적자+중개 수수료	
	(십억 달러, 경상)	(십억 달러, 1939년 기준)
1929	17.3	14.2
1930	11.9	10.2
1931	5.8	5.5
1932	3.0	3.2
1933	3.1	3.4
1934	5.8	6.0
1935	8.2	8.4
1936	11.4	11.6
1937	11.1	10.8
1938	9.1	9.0
1939	12.9	12.9
1940	16.2	15.9

부록 3. 제4부 주석[1]

주 10. 총고정자본투자액 및 민간부문 총생산에 관한 자료가 다음의 표에 나타나 있다. '가속도 원리'를 논할 때 사용되었던 그림 8은 이 자료에 근거하고 있다.

연도	총고정자본투자	민간부문 총생산
	(십억 달러, 1939년 기준)	
1929	13.5	81.5
1930	10.2	73.5
1931	7.1	67.7
1932	4.0	57.4
1933	3.5	56.5
1934	4.4	62.0
1935	5.8	67.6
1936	7.9	76.4
1937	9.3	80.9
1938	7.2	76.4
1939	9.5	83.7
1940	11.4	92.1

총투자가 총생산 및 시간추세 t에 대한 관계를 보면 다음과 같은 회귀방정식을 구할 수 있다.

---

[1] 자료 출처: 미국 상무성의 경제동향 서베이 국민소득 부록(*National Income Supplement to Survey of Current Business*, 1951)

투자 = 0.306(생산 - 1.45 t) - 14.5

단, t는 1935년을 시작연도로 하여 계산된 값이다. 그림 8은 위 회귀방정식에서 양변의 편차 즉, 관측치와 평균과의 차이를 나타내고 있다. 따라서 총고정자본투자 변동과 총생산 변동은 추세요인을 제거하고 진폭을 같게 한 후 비교한 것이다.

주 11. 경상가격 기준 총저축과 1939년 가격 기준 총저축이 다음에 나타나 있다. 이 자료는 중개수수료가 제외되었기 때문에 주 8에 나난 자료와 다르다. 게다가 '실질' 가치를 계산할 때 민간부문 총소득의 디플레이션에 내재된 지수가 아닌 투자재 가격지수로 디플레이트하였다. (투자재 가격지수는 총고정자본투자의 현재 가치를 총고정자본투자의 불변가치로 나누어 구하였다.)

연도	총저축 (십억 달러, 경상)	투자재 가격지수 (1939=100)	총저축 (십억 달러, 1939년 기준)
1929	15.5	105.9	14.6
1930	11.2	102.9	10.9
1931	8.4	94.3	8.9
1932	2.8	85.0	3.3
1933	2.7	82.9	3.3
1934	5.6	90.9	6.2
1935	7.9	89.7	8.8
1936	11.1	92.4	12.0
1937	10.8	97.8	11.0
1938	8.9	101.4	8.8
1939	12.7	100	12.7
1940	16.0	102.6	15.6

주 12. 고정자본투자결정이론의 통계적 예시를 위하여 1928/1929, 1929/1930, 1930/1931 등 연도의 중간값을 이용한 이윤이 필요하다(130쪽 참조). 첫 번째 근사치로 1928년 및 1929년 이윤의 평균값, 1929년 및 1930년 이윤의 평균값, 1930년 및 1931년 이윤의 평균값 등을 구할 수 있다. 그러나 이 근사치는 여기에 적합하지 않는데 그 이유는 근사치는 이윤 변화율을 계산하는 근거가 되어야 하기 때문이다. 위와 같은 방법으로 구한 근사치에 근거할 경우 1930년 이윤 변화율은 1931년 및 1929년 이윤 수준 차이의 절반에 해당하므로 만족스러운 근사치가 되지 못하는 것은 명백하다. 그러나 다음과 같은 두 번째 근사치를 계산할 수 있다. 1929/1930년의 예를 들어 이윤과 임금 및 급여의 합의 관계를 다음과 같이 가정한다.

$$\frac{\text{이윤 } 1929/1930}{\text{임금 및 급여 } 1929/1930} = \frac{\frac{1}{2}(\text{이윤 } 1929 + \text{이윤 } 1930)}{\frac{1}{2}(\text{임금 및 급여 } 1929 + \text{임금 및 급여 } 1930)}$$

이 가정은 이윤과 임금 및 급여의 합의 관계가 비교적 서서히 변화한다는 사실에 근거하고 있다(표 12 참조). 위 방정식으로부터 다음 방정식이 유도된다.

$$\frac{\text{이윤 } 1929/1930}{\frac{1}{2}(\text{이윤 } 1929 + \text{이윤 } 1930)} = \frac{\text{임금 및 급여 } 1929/1930}{\frac{1}{2}(\text{임금 및 급여 } 1929 + \text{임금 및 급여 } 1930)}$$

이제 위 방정식의 우변 비율은 미국 상무성의 경제동향 서베이 국민소득 부록 *National Income Supplement to Survey of Current Business*, 1951에 있는 임금 및 급여의 월별 자료에 근거하여 계산할 수 있다. 이

연도	조정된 세후 이윤[1] (십억 달러, 경상)	연속된 2개 연도 평균	'수정요인'	연도 중간부터 연도 중간까지 이윤 (십억 달러, 경상)
1928				
				40.6[2]
1929	41.2			
		37.3	1.023	38.2
1930	33.4			
		29.5	1.003	29.6
1931	25.7			
		21.4	0.997	21.3
1932	17.2			
		16.5	0.934	15.4
1933	15.8			
		17.7	1.031	18.2
1934	19.6			
		21.7	0.989	21.5
1935	23.9			
		25.1	0.991	24.9
1936	26.2			
		27.5	1.017	27.9
1937	28.8			
		27.6	0.995	27.5
1938	26.5			
		27.3	0.992	27.1
1939	28.1			
		29.8	0.992	29.6
1940	31.6			

[1] 주 7에 있음.
[2] 가공 없이 추정됨. 그러나 분석 기간에 이윤 변화가 느린 것을 고려하면 심각한 오류가 발생할 수는 없음.

'수정요인'을 연속된 2개 연도 이윤의 평균에 적용하여 시작연도의 중간부터 다음연도의 중간까지 이윤에 대한 두 번째 근사치를 구한다.

주 13. 앞의 주 12에서 연도 중간부터 연도 중간까지 이윤은 투자재 가격지수로 디플레이트된다(주 11 참조.) 이 지수는 비교적 서서히 움직이므로 연속된 2개 연도의 평균은 연도 중간부터 연도 중간까지 이윤의 디플레이터로 적합한 것으로 판단된다. 계산 결과는 215쪽의 표에 나타나 있다.

주 14. 134쪽의 각주에 있는 이유로 인해 우리는 총재고변화 및 민간부문 총생산변화에서 농가자산목록의 변화는 제외된 것으로 가정한다. 계산 결과는 216쪽의 표에 나타나 있다.

연도	연도 중간부터 연도 중간까지 이윤 (십억 달러, 경상)	투자재 가격 (1939=100)	연속된 2개 연도 평균	연도 중간부터 연도 중간까지 이윤 (십억 달러, 1939년 기준)
1928				
	40.6		105[1]	38.7
1929		105.9		
	38.2		104.4	36.6
1930		102.9		
	29.6		98.6	30.0
1931		94.3		
	21.3		89.7	23.7
1932		85.0		
	15.4		84.0	18.3
1933		82.9		
	18.2		86.9	20.9
1934		90.9		
	21.5		90.3	23.8
1935		89.7		
	24.9		91.1	27.3
1936		92.4		
	27.9		95.1	29.3
1937		97.8		
	27.5		99.6	27.6
1938		101.4		
	27.1		100.7	26.9
1939		100		
	29.6		101.3	29.2
1940		102.6		

[1] 가공 없이 추정됨. 그러나 분석 기간에 투자재 가격 변화가 느린 것을 고려하면 심각한 오류가 발생할 수는 없음.

주 15. 재고투자결정이론의 통계적 예시를 위해서는 연도 중간부터 연도 중간까지 민간부문 총생산이 필요하다(134쪽 참조). 주 12에 있는 이윤 계산 시 적용되었던 방법과 유사한 방법으로 추정하였다. 민간부문 총생산에 대한 총 화폐임금 및 급여의 비율은 분석 기간에 비교적 서서히 변하는 것으로 나타났다(주 5의 표에 있는 마지막 열과 216쪽 표에 있는 마지막 열을 참조). 주 12에서 논의한 바와 같이 연도 중간부터 연도 중간까지 민간부문 총생산 계산 시 표에 있는 '수정요인'을 사용할 수 있다. 실제 계산 결과는 217쪽의 표에 나타나 있다.

연도	재고투자		민간부문 총생산	
	농가자산목록 포함	농가자산목록 제외	농가자산목록 포함[1]	농가자산목록 제외
	(십억 달러, 1939년 기준)			
1929	1.5	1.7	81.5	81.7
1930	-0.2	0	73.5	73.7
1931	-1.1	-1.4	67.7	67.4
1932	-3.0	-3.0	57.4	57.4
1933	-1.8	-1.5	56.5	56.9
1934	-0.8	0.6	62.0	63.4
1935	0.9	0.5	67.6	67.2
1936	1.4	2.3	76.4	77.3
1937	2.1	1.7	80.9	80.5
1938	-1.0	-1.1	76.4	76.3
1939	0.4	0.3	83.7	83.6
1940	2.3	2.1	92.1	91.9

[1] 주 10에 있는 계열과 동일.

연도	민간부문 총생산[1]	연속된 2개 연도 평균	'수정요인'	연도 중간부터 연도 중간까지 총생산
	(십억 달러, 1939년 기준)			(십억 달러, 1939년 기준)
1928				
				80.4[2]
1929	81.7			
		77.7	1.023	79.5
1930	73.7			
		70.5	1.003	70.7
1931	67.4			
		62.4	0.997	62.2
1932	57.4			
		57.1	0.934	53.3
1933	56.9			
		60.1	1.031	62.0
1934	63.4			
		65.3	0.989	64.6
1935	67.2			
		72.3	0.991	71.6
1936	77.3			
		78.9	1.017	80.2
1937	80.5			
		78.4	0.995	78.0
1938	76.3			
		79.9	0.992	79.3
1939	83.6			
		87.7	0.992	87.0
1940	91.9			

[1] 앞의 표에 있는 것처럼 농가자산목록 제외.
[2] 가공 없이 추정됨. 그러나 분석 기간에 총생산 변화가 느린 것을 고려하면 심각한 오류가 발생할 수는 없음.

■ 해제

저자인 미하우 칼레츠키Michal Kalecki는 1899년 6월 22일 폴란드 로지에서 출생하였다. 그단스크 폴리테크닉에서 수학과 건설공학을 전공하였으나 재학 당시부터 경제에 관심을 가져 독학으로 경제학을 공부하였다. 회사에서 신용 조사에 필요한 기업 자료를 수집하는 일을 하고 경제신문에 논평을 쓰면서 많은 경험을 쌓았다. 이러한 경험을 바탕으로 1929~1935년에는 바르샤바에 있는 "경기순환과 가격연구소RIBCP"에서 경기순환에 대한 연구와 발표를 하였다. 1933년『경제순환이론 에세이』를 발표하여, 자본주의 경제순환의 수리경제 모델(칼레츠키 모델)의 창시자가 되었다. 1935년 이 모델을 바탕으로『경기순환의 거시적 동태론』을 발표하였는데, 이것은 마르크스의 재생산론에서 출발하지만, 케인스와는 별도로, 훗날의 케인스혁명과 상통하는 사상을 전개한 획기적인 업적이었다.

케인스의 일반이론 출간에 자극을 받아 1936년 스웨덴으로, 이어 영국으로 건너가 런던경제대학, 케임브리지대학을 거쳐 1940년에는 옥스퍼드대학교 통계연구소 연구원이 되어 경기순환, 국민소득결정, 경제동학, 고용문제 등에 대해 연구하였다. 제2차 세계대전이 끝난 후 영국에 체류할 수 없게 되어, 1946~1954년 국제연합사무국 경제부 차장을 지내면서 개발도상국의 경제 문제 등에 대해 연구를 하였다. 미국의 매카시즘에 견디지 못하고 1955년 폴란드로 돌아와 정부 고문, 미래계획위원회 위원장, 경제심의회 부의장, 코메콘 대표 등을 역임하면서, O. R. 랑게와 함께 폴란드의 신경제 모델 수립에 참여하여 사회주의 경제계획화에 진력하였다. 1961년 이후 바르샤바의 중앙계획·통계대학에서 강의하면서 사회주의 경제성장론의 완성에 노력하였으며 1966년 아카데미 회원이 되었다. 1968년 수정주의 공격을 빙자한 동료의 추방에 항의하여 일체의 공직에서 물러났고 1970년 4월 사망하였다.

그의 주요 저서로는 『경제순환이론 에세이 Essay on the Theory of the Business Cycle』(1933), 『경제변동이론 에세이 Essays in the Theory of Economic Fluctuations』(1939), 『경제동학 연구 Studies in Economic Dynamics』(1943), 『경제동학이론 Theory of Economic Dynamics-An Essay on Cyclical and Long-Run Changes in Capitalist Economy』(1954), 『경기순환이론 연구 Studies in the Theory of Business Cycles, 1933~1939』(1966), 『자본주의 경제동학 에세이 선집 Selected Essays on the Dynamics of the Capitalist Economy, 1933~1970』(1971), 『사회주의와 혼합경제의 경제성장 에세이 선집 Selected Essays on the Economic Growth of the Socialist and the Mixed Economy』(1972), 『자본주의 이행의 마지막 국면 The Last Phase in the Transformation of Capitalism』(1972), 『재개발도상국 경제 에세이 Essays on Developing Economies』(1976) 등이 있다.

본 번역서의 원서인 『경제동학이론』은 저자인 칼레츠키가 1954년 Rinehart & Company Inc.를 통해서 발간한 책으로 저자의 다른 저서인 『경제변동이론 에세이』와 또 다른 저서인 『경제동학 연구』의 후속판이라고 할 수 있다. 후속판이라고 해도 이전의 저서와는 다른 새로운 저서로 볼 수 있는데 그 이유는 이전의 저서들과 기본적인 아이디어는 크게 변하지 않았지만, 기술방법이나 논의는 크게 변경되었기 때문이다. 또한, 몇 개의 새로운 장이 추가되고 새로운 주제가 소개되었다. 통계적 예시도 분석의 깊이가 더해졌고 특히 당시 최근의 자료를 활용했다는 데 큰 의미가 있다.

이 책은 총 6부 15개의 장으로 구성되어 있다. 1부는 독점도 및 소득분배, 2부는 이윤 및 국민소득의 결정, 3부는 이자율, 4부는 투자의 결정, 5부는 경기순환, 6부는 장기 경제발전을 다루고 있다.

독점도 및 소득분배를 다루고 있는 1부는 비용 및 가격, 국민소득분배 등 2개의 장으로 구성되어 있다.

제1장 비용 및 가격에서는 생산비용의 변화 때문에 주로 결정되는 가격 변화와 수요 변화 때문에 주로 결정되는 가격 변화로 구분한 후, 생산비용의 변화 때문에 주로 결정되는 가격변화를 또 나누어, 기업 수준에서의 가격 설정과 산업 수준에서의 가격 설정으로 구분하여 살펴보고 있다. 또한, 근대 자본주의 경제에서 독점도 변화의 주요 요인인 산업집중화, 홍보 캠페인 경쟁, 기초비용과 비교한 간접비의 수준 변화, 노동조합 권력의 중요성 등에 대해 논의하고 있다. 한편, 비용과 가격의 장단기 관계에 대해 논의하면서 미국의 자료를 이용하여 자본집약도 및 기초비용 대비 수입의 비율: 미국 제조업(1899~1914), 기초비용에 대한 수입의 비율: 미국 제조업(1879~1937), 기초비용에 대한 수입의 비율: 미국 제조업 및 소매업(1929~1937), 원재료 가격 및 시간당 임금: 미국 제조업, 광업, 건설 및 철도(1929~1941), 미국 원재료, 소비재 및 투자재 가격 지수(1929~1941) 등에 대해 논의하고 있다.

제2장 국민소득분배에서는 소득 대비 임금의 상대적 비중 결정요인에 대해 살펴본다. 제조업과 같은 산업군의 부가가치이든 모든 민간부문의 총소득이든, 임금의 상대적 비중의 장기적인 변화는 세 가지 요인, 즉 독점도, 단위임금비용과 관련한 원재료 가격, 산업 구성비의 장기 추세에 의해 결정된다. 또한 이 세 가지 요인의 변화가 소득 대비 임금의 상대적 비중에 미치는 영향을 살펴보면, 독점도 및 산업 구성비 변화는 양(+)의 영향을 미치고 원재료 가격 변화는 음(−)의 영향을 미쳐, 전체 요인이 미치는 순영향은 적은 것으로 나타난다. 한편, 이러한 논의를 미국 제조업의 부가가치 대비 임금의 상대적 비중과 영국의 국민소득 대비 임금의 상대적 비중의 장기 변화에 대한 분석, 대공황기 미국 제조업의 부가가치 대비 임금의 상대적 비중 변화에 대한 분석, 동 기간 중 미국과 영국의 국민소득 대비 임금의 상대적 비중 변화에 대한 분석을 통해 살펴보고 있다.

이윤 및 국민소득의 결정을 다루는 2부는 이윤의 결정요인, 이윤과 투자, 국민소득과 소비의 결정 등 3개의 장으로 구성되어 있다.

제3장 이윤의 결정요인에서는 먼저 폐쇄경제에서의 이윤 결정요인을 살펴보고 있는데 자본가 소비와 투자가 이윤을 결정하며, 자본가 투자와 소비는 과거의 의사결정 행태에 의해 결정된다고 주장하고 있다. 또한, 독점도와 같은 소득분배를 결정하는 '분배요인'이 노동자 소득(=소비)를 결정한다. 자본가 소비 및 투자는 '분배요인'과 함께 노동자 소비를 결정하고 궁극적으로 국민생산 및 고용을 결정한다고 주장한다. 한편 개방경제의 경우 이윤은 투자+수출 초과+예산 적자−노동자 저축+자본가 소비와 같은 것으로 나타나고 있다.

제4장 이윤과 투자에서는 자본가 소비의 결정요인을 다루고 있다(투자의 결정요인은 9장에서 다루고 있음). 이윤은 투자의 시차변수 즉 과거 투자결정에 따라 결정되며, 자본가 저축이 이윤을 '선도'하는 것으로 나타난다. 이에 대한 통계적 예시는 1929~1940년 미국 자료를 이용해 보여주고 있다.

제5장 국민소득과 소비의 결정에서는 먼저 국민총생산과 민간부문 총소득을 구분하였는데 국민총생산과 민간부문 총소득의 차이는 공무원에 대한 지급과 간접세를 합한 만큼이다. 민간부문 총소득은 투자의 시차변수에 의해 결정되는 것으로 나타났는데 이러한 결론은 총소득 및 투자에서 절대적인 변화이든 비율적인 변화이든 성립한다. 이에 대한 통계적 예시는 1929~1941년 미국 자료를 이용해서 총소득 및 투자의 절대적인 변화와 비율적인 변화로 구분하여 보여주고 있다.

이자율을 다루고 있는 3부는 단기 이자율, 장기 이자율 등 2개의 장으로 구성되어 있다.

제6장은 단기 이자율의 결정을 살펴본다. 지금까지 살펴본 주요 내용 중 이자율은 자본의 수요 및 공급으로 결정될 수 없고 다른 요소들의 상호작용의 결과라는 사실에 근거하여, 단기 이자율은 거래액과 은행의 현금공급으로 결정된다는 것을 보여주고 있다.

제7장은 장기 이자율의 결정을 살펴본다. 장기 이자율은 과거 경험에 근거한 단기 이자율에 대한 기대와 장기 자산의 감가상각과 관계된 위험에 대한 추정치에 의해 결정된다고 주장하고 있다. 1929~1938년 영국 콘솔Consolidated Annuties의 수익률 분석을 통해 이러한 결론을 뒷받침해 주고 있다.

투자의 결정을 다루고 있는 4부는 기업자본 및 투자, 투자결정요인, 통계적 예시 등 3개의 장으로 구성되어 있다.

제8장 기업자본 및 투자에서는 기업규모와 기업자본의 관계를 설명하면서 기업규모를 제한하는 결정적인 요소로 기업자본, 즉 기업이 보유한 자본의 양을 들고 있다. 다시 말해서, 기업규모는 자본의 차입 능력에 영향을 주고, 또한 위험의 정도에 영향을 주는 기업자본의 양에 제한을 받는다고 주장하고 있다.

제9장 투자결정요인에서는 고정자본투자의 결정요인을 살펴보고 있는데 고정자본에 대한 투자결정이 경제활동 수준과 이 수준의 변화율 함수라는 것을 보여주고 있다.

제10장 통계적 예시에서는 1929~1940년 미국 자료를 이용하여 시차(1년 시차 또는 반년 시차)에 따라 고정자본투자 및 재고투자가 어떻게 바뀌는지 그 결정요인을 밝히고 있다.

경기순환을 다루고 있는 5부는 경기순환과정, 통계적 예시, 경기순환과 충격 등 3개의 장으로 구성되어 있다.

제11장 경기순환과정에서는 대외거래와 정부 예산은 균형을 이루고 있고 노동자들은 저축하지 않는다는 가정에 따라 경제동학과정이 순환변동을 수반한다는 것을 보여주고 있다. 이 장에서 논의하는 경제동학과정은 장기발전과정과 구별되는 경기순환과정이므로, 장기발전에 종속되지 않는 시스템 즉 순환변동을 제외한 정태적인 시스템에 근거하여 경기순환과정을 분석하는 데 기본이 되는 방정식을 도출하고 있다. 또한, 이 방정식에 근거하여 안정형, 확산형, 축소형 등 자동적인 경기순환을 설명하고 있다.

제12장 통계적 예시에서는 1929~1940년 미국 자료에 근거한 모형을 이용하여 11장에서 다룬 경기순환이론에 대해 설명하고 있다. 저자가 서문에서 언급한 것처럼, 이 책의 통계적 분석은 고려된 변수들의 관계를 가장 잘 나타내 주는 계수를 구하는 것이 아니라 개발된 이론에 대한 예시를 제공하는 데 그 목적이 있기 때문에, 이 모형이 동 기간 중 미국 경제발전의 정확한 그림을 제시하는 것은 아니라는 것을 기억할 필요가 있다.

제13장 경기순환과 충격에서는 경기순환과정에서 오차 충격의 역할에 대해 살펴보고 있다. 오차 충격을 생성하기 위하여 Trippett 난수표 Trippetts' Random Sampling Numbers를 이용할 수 있는데 이때 균등분포에 따르는 충격 대신에 정규분포를 따르는 충격을 생성한다. 정규분포에 따르는 충격 때문에 생성된 순환은 이를 생성하는 데 사용한 방정식이 진폭 축소가 큰 데 비해 상당히 안정적이다. 따라서 진폭의 축소가 상대적으로 크다 하더라도 그러한 충격은 상당히 규칙적인 순환을 생성해 낸다. 이것은 '경기순환 방정식'에 큰 진폭의 축소가 있다 하더라도 반半규칙적인 순환이 존재할 수 있다는 것을 보여주고 있다.

장기 경제발전을 다루고 있는 6부는 경제발전과정, 발전요인 등 2개의 장으로 구성되어 있다.

제14장 경제발전과정에서는 투자, 이윤 및 총생산 간의 관계에서 경기순환 분석을 위해 안정적이라고 가정했던 상수들의 역할을 재조명한다. 자본주의 경제의 장기 경제발전의 과정에서 이러한 상수의 변화는 경제발전을 지속하게 하고, 경제발전은 다시 해당 상수의 변화를 가져오는 등의 과정이 반복되고 있음을 보여주고 있다.

제15장 발전요인에서는 자본주의 경제에서 경제발전을 결정하는 요인들을 살펴보고 있다. 이 장에 따르면 장기발전은 자본주의 경제에 내재된 것이 아니며 장기 상향추세를 유지하기 위해서는 구체적인 '발전요인'이 필요하다. 저자는 혁신을 발전에 가장 중요한 촉진물로 도출하였고, 금리 생활자의 저축은 발전에 자극이라기보다는 장애물인 것으로 밝혔다. 인구 증가가 발전요인인가에 대해서는 판단을 유보하지만, 구매력의 증대가 수반된 인구 증가의 중요성은 강조한다.

■ 찾아보기

ㄱ

가속도 원리 115, 116, 117, 123, 210
경기순환 방정식 143, 158, 170, 173, 178, 179
경기순환과 자원의 활용 155
고정자본투자의 결정요인 110, 111, 131, 132
균등 및 부진 성장 191
균등 추세 186, 188, 189, 190, 191, 196
금리 생활자의 저축 194, 196, 198
기업규모 및 기업자본 104
기초비용 3, 4, 5, 6, 7, 8, 10, 11, 12, 13, 14, 15, 16, 17, 18, 19, 20, 22, 25, 26, 30, 31, 34, 35, 36, 202, 204

ㄴ

노동자 소비 46, 49, 50, 51, 69
노동조합 11, 12, 13, 18, 20, 35, 37, 197

ㄷ

단기 및 장기 이자율 91
독점도의 변화 원인 10

ㅁ

민간부문 총생산 74, 76, 77, 112, 125, 134, 156, 158, 159, 207, 209, 210, 214, 216
민간부문 총소득 37, 39, 40, 41, 65, 66, 76, 130, 159, 205, 206, 207, 208, 211

ㅂ

발전요인 184, 185, 187, 189, 190, 191, 198
비용과 가격의 장단기 관계 13

ㅅ

소득분배의 장난기 변화 28

ㅇ

오차 충격 154, 166, 167, 170, 171, 180
유통속도와 단기 이자율 82, 89
은행의 현금공급 변화 88
이윤율의 하락 192
인구 증가 196, 197, 198

ㅈ

자동적인 경기순환 146, 152
장기 추세 28, 29, 37, 42, 143, 150, 176, 178, 179, 184, 185, 186, 194
장기 추세와 경기순환 176
재고투자 118, 123, 124, 125, 127, 128, 133, 134, 135, 136, 137, 142, 151, 185, 193, 216
재생산 표식 48
'정점'과 '저점' 151

주식합명회사 106, 108
증가하는 위험 94, 105, 106, 107, 111

ㅊ

최종재의 가격 형성 22

ㅎ

혁신 114, 183, 184, 185, 191, 193, 194, 195, 196, 198, 199
확산 및 축소 변동 152

지은이 미하우 칼레츠키(Michal Kalecki)

폴란드 로지에서 출생(1899년 6월 22일)
그단스크 폴리테크닉에서 수학과 건설공학을 전공
바르샤바 소재 '경기순환과 가격연구소(RIBCP)' 근무(1929~1935년)
옥스퍼드대학교 통계연구소 연구원(1940년)
국제연합사무국 경제부 차장(1946~1954년)
폴란드 정부 고문, 미래계획위원회 위원장, 경제심의회 부의장, 코메콘 대표 역임
바르샤바의 중앙계획·통계대학에서 강의
아카데미 회원(1966년)
사망(1970년 4월)

주요 저서
『경제순환이론 에세이(Essay on the Theory of the Business Cycle)』(1933)
『경제변동이론 에세이(Essays in the Theory of Economic Fluctuations)』(1939)
『경제동학 연구(Studies in Economic Dynamics)』(1943)
『경제동학이론(Theory of Economic Dynamics-An Essay on Cyclical and Long-Run Changes in Capitalist Economy)』(1954)
『경기순환이론 연구(Studies in the Theory of Business Cycles, 1933~1939)』(1966)
『자본주의 경제동학 에세이 선집(Selected Essays on the Dynamics of the Capitalist Economy, 1933~1970)』(1971)
『사회주의와 혼합경제의 경제성장 에세이 선집(Selected Essays on the Economic Growth of the Socialist and the Mixed Economy)』(1972)
『자본주의 이행의 마지막 국면(The Last Phase in the Transformation of Capitalism)』(1972)
『재개발도상국 경제 에세이(Essays on Developing Economies)』(1976)

옮긴이 강기춘

1960년 경남 남해 출생
고려대학교 경제학과 졸업(1983년)
하나은행 근무(1983~1986년)
미국 아이오와주립대학교 경제학박사(1992년)
동양경제연구소 책임연구원(1992년)
제주대학교 경제학과 교수(1993년~현재)
1999~2001 미국 University of Washington, Iowa State University 방문교수
감사원 감사연구원 사회·행정평가연구팀장(2006~2008년)

역서: 『자본주의의 이상』(자유기업센터: 1998)
　　　『경제학의 교훈』(자유기업센터: 1999)
저서: 『한국의 국제경쟁력과 10대 도시의 지역경쟁력 연구총서』(산업정책연구원: 1999)
　　　『경제학개론』(제주대학교 출판부: 2007)
　　　『계량경제학: 이론과 실습』(온누리: 2010)
　　　『제주물산업총론』(내하출판사: 2011)

한국연구재단 학술명저번역총서 서양편·729

경제동학이론: 자본주의 경제에서 순환 및 장기 변화에 관한 에세이

발 행 일	2014년 2월 24일 초판 인쇄
	2014년 2월 28일 초판 발행
원 제	Theory of Economic Dynamics: An Essay on Cyclical and Long-Run Changes in Capitalist Economy
지 은 이	미하우 칼레츠키(Michal Kalecki)
옮 긴 이	강 기 춘
책임편집	이 지 은
펴 낸 이	김 진 수
펴 낸 곳	**한국문화사**
등 록	1991년 11월 9일 제2-1276호
주 소	서울특별시 성동구 아차산로 3(성수동 1가) 502호
전 화	(02)464-7708 / 3409-4488
전 송	(02)499-0846
이 메 일	hkm7708@hanmail.net
홈페이지	www.hankookmunhwasa.co.kr

책값은 20,000원입니다.

잘못된 책은 바꾸어 드립니다.
이 책의 내용은 저작권법에 따라 보호받고 있습니다.

ISBN 978-89-6817-115-4 93320

'한국연구재단 학술명저번역총서'는 우리 시대 기초학문의 부흥을 위해 한국연구재단과 한국문화사가 공동으로 펼치는 서양고전 번역간행사업 입니다.